SIMPLY
从平庸
到非凡
BRILLIANT

企业组织获得成功的极简法则

[美] 威廉 · C. 泰勒◎著　许佳 ◎译
王文晶 ◎校译

William C. Taylor

How Great Organizations
Do Ordinary Things in Extraordinary Ways

中信出版集团 | 北京

图书在版编目（CIP）数据

从平庸到非凡 /（美）威廉·C. 泰勒著；许佳译
. -- 北京：中信出版社，2021.1
书名原文：SIMPLY BRILLIANT: HOW GREAT
ORGANIZATIONS DO ORDINARY THINGS IN EXTRAORDINARY
WAYS
ISBN 978-7-5217-2357-1

Ⅰ. ①从… Ⅱ. ①威… ②许… Ⅲ. ①企业领导学－
研究 Ⅳ. ① F272.91

中国版本图书馆 CIP 数据核字（2020）第 219456 号

从平庸到非凡

著　　者：[美] 威廉 · C. 泰勒
译　　者：许　佳
校　　译：王文晶
出版发行：中信出版集团股份有限公司
　　　　　（北京市朝阳区惠新东街甲 4 号富盛大厦 2 座　邮编　100029）
承 印 者：河北鹏润印刷有限公司

开　　本：880mm × 1230mm　1/32　　印　　张：7.75　　字　　数：151 千字
版　　次：2021 年 1 月第 1 版　　印　　次：2021 年 1 月第 1 次印刷
京权图字：01-2019-3324
书　　号：ISBN 978-7-5217-2357-1
定　　价：49.00 元

每一家伟大的公司都会重新定义它所从事的行业。

——英国首都银行创始人兼董事长弗农·希尔

献给克洛伊、佩奇和格雷丝
你们一点也不平凡

目 录

前言　关于成功的新故事
“无限多的可能”_V

01

不要想做到最好，要努力成为唯一

最成功的组织会挑战被广泛接受的观念，
其所作所为是其他组织不会做或者不敢去做的。

第一章
什么是你的价值主张
“竞争和选择不是一回事”_003

第二章
为什么传教士能够打败雇佣军
“信则有，不信则无”_027

02

别让你的所知限制你的想象

我们所处的世界正在被重塑，
那些带来了巨大变化的领导者是挑战各自领域以及成功规则的人。

第三章
克服专业知识悖论
“对最新颖的点子过于自信，反而变成了一种障碍，
使自己无法发现更新的点子，这种事屡见不鲜”_053

第四章
有趣很重要，感兴趣更重要
“你最近一次破天荒地做一件事是什么时候”_075

03

友善和聪明一样重要

在一个充斥着轻率的观念和颠覆性技术的时代，
一些简单的沟通和善意的举动，
就能发挥特别重要的作用。

第五章
友善不是生产力的敌人
“人们理应得到人道的对待”_101

第六章
坚持不懈，致力于爱的领导
“我们要让大家明白，真正的快乐是什么感觉”_125

04

赢得同盟比掌控权力更重要

能够激发普通人做出优异的贡献、
领导者非常谦逊的组织，才能取得最突出的进步。

第七章
独具慧眼是一种生活方式
“我们重视碰撞胜过便利”_147

第八章
除非每个人都是赢家，否则没有人会赢
“创造的价值多过你所获取的”_173

后记　你的故事呢?
“为那些值得做的事努力”_199

致谢 _209
注释 _213

前言

关于成功的新故事

“无限多的可能”

有谁不想在一个讲述巨大成功的故事中扮演某个角色呢？这个角色可以是一家公司的运营者、创办者，或者是在其中发挥作用的领导者，领导这家公司大获全胜，改变所属行业的发展方向；也可以是一个品牌的开创者，使品牌深深地吸引着消费者，主导市场；还可以是首席执行官或企业家，他们创造就业岗位和财富，打造充满活力、富有创造性的团队。

当前，在大众的想象中，成功已经变得等同于颠覆性技术和病毒性程序的扩散，以及激进的商业模式和新业务。在硅谷，正是这样的观念点燃了数不胜数的工程师和风险投资家的梦想，这种观念也激励着像脸书的马克·扎克伯格和优步的特拉维斯·卡兰尼克这样积极进取的创新人士。“新经济”的故事属于新一代的企业和与以往完全不同的领导者。

不过，为什么成功的故事只能专属于小部分技术驱动的创业公司和少数年轻的亿万富豪呢？本书所要讲的领导者，他们致力于做重要的事情、打造伟大的东西。这些事既简单，又具有颠覆性：在一个既有痛苦断裂又有高歌猛进，既有动荡纷扰又有无限可能的时代，未来是属于每个人的。激动人心的突破性创造和与众不同的表现不仅仅属于那些拥有最尖端科技或者最激进商业策略的最年轻的公司。它可以出现在各行各业，可以出现在生活的各个方面，只要领导者们能够重新想一想，在他们的领域究竟有哪些可能性。

我试图在本书中呈现出这样一种可能性，即使在世界上某些最传统的行当里，也有可能把那些最为人熟悉的物品转变为真正与众不同的产品、服务和体验。我承认，即使是在那些领域的领导者当中，这也不是一个能得到普遍认同的观点。我一直听到同样的保留意见，那些来自传统行业的领导者不愿意与过去做彻底的了断，他们告诉我，“这个行业已经这样持续100年了，我们又不是谷歌或者亚马逊”。他们有的说：“这不是那种魅力十足的行业，我们没法创立那种让人们充满热情的品牌，就像苹果或者星巴克那样。”

他们的潜台词是：别指责我这么平庸或者过时，我又不来自硅谷或者西雅图。对此，我的答复是：别拿你公司成立时间久远或者行业不同当庸庸碌碌的借口。压根儿就没有什么平庸或者是过时的行业，只有平庸或者过时的业务。事实上，寻求卓越的机会最有可能出现在这样的行业中，它出现的时间非常久，而且过于循规蹈矩。既然你思考问题的方式决定着你的竞争方式，那么在这样的领域中竞争应该更容易，只要它还囿于陈旧的思维模式中。

为什么现在讲这个故事呢？因为我们已经进入了一个商业和领导力的全新时代，愈演愈烈的竞争而非先进的技术定义着这个时代的特征。消费者的期待，竞争对手的能力，都是前所未有的。在这样的时代，早已熟稔的战略、使人安然自得的工作方式也就变得比以往更没有效率。在任何行业，尤其是传统行业，能够引领潮流、留下深深烙印的领导者都是这样一种人，他们会反省以往做事情的方式，他们会更新和再阐释产品和体验，他们希望在针对其公司未来的讨论中出现新的声音。

为什么成功的故事只能专属于少部分技术驱动的创业公司或者少数年轻的亿万富翁呢？

《纽约时报》引领舆论的专栏作家托马斯·弗里德曼说过的一句话非常准确地揭示了现在这个压力倍增的时期的真谛。“今天，”他声称，“平庸的时代已经过去。保持平庸，你就别指望能像过去一样养活自己。越来越多的雇主能够获得（远超平均水平的）廉价外国劳动力、廉价机器人、廉价软件、廉价的自动化设施和廉价的天才。每个人都需要拥有特长——各自独特的价值贡献所在，这才能脱颖而出。”[1]

这种现象正在经济领域显现，并且波及全球。对于那些无法应对的人来说，后果是严峻的。利奥尔·阿鲁西是我认识的最具煽动性的商业战略家之一，他曾经给许多知名公司提供战略、创新和增长方面的咨询服务。针对大多数公司和品牌遇到的问题，阿鲁西喜欢说的是，问题不是它们垮了，而是它们太枯燥乏味了。枯燥乏味的公司绝不会大获成功。

“我们生活在一个全新的世界，”他指出，“消费者已经不会接受一份‘还可以’的服务。他们的想法是要么出色，要么什么都不是。在大多数领域，曾经激动人心的东西很快就变得枯燥乏味，继而惹人生气。‘让我产生深刻的印象，让我大吃一惊，做点什么能让我记得住的事情’——这就是消费者需要的，是公司不得不做到的。”[2]

话虽然这么说，不过就算是在一个“平庸时代已经结束了”的世界，绝大多数领域的领导者所面对的也不是要么是某种创造性，要么就是世界末日的混乱不堪这种非此即彼的选择。更可能的结果是接近于无休无止（无休无止到令人愤怒）的庸庸碌碌。尽管我们深深地痴迷于数字化带来的突破、激进的创新和适者生存的铁律，但数之不尽的公司还是年复一年地忍受着停滞不前的业绩。维持现状的倾向令人吃惊，但并非总是有害的。

“有许多组织，按照任何标准来说，都没有达到其所有者、成员和客户的期待，”社会学家马歇尔·梅耶和琳内·朱克提醒我们，“不过它们还是能够持续存在，有时候还无期限存在下去。”在这种“非常失败的组织中”，他们话锋一转指出，执行官们能够避免破产，即使现实已经让所有人大失所望。通常，现实情况更接近于一种“持续的表现欠佳”，它不是内在的危机，而是一种由短期的自利导致的惯性，并非被激励的一种有目的的改变。[3]

换句话说，失败是一种选择。这么说有些对不住影片《阿波罗13号》中那些令人记忆深刻的画面，不过我们指的是不能最大限度地利用我们所拥有的想法、人力和技术。这种失败的、无声的耻辱已经成为商业图景中众所周知的部分——没有想象力、没有紧迫感、没有战胜既往失败的意志力等。哈佛大学商学院教授琳达·希尔是领导者倡议学院主席，她曾经指出，一般的领导者关注的是填补“绩效差距”，即是什么和应该是什么之间的差距。这是基于过去的经验，努力提高效率、生产率，以获得改进。但是对于领导者来说，真正的行动、真正的议程应该是填补“机会差距”，即是什么和可能成为什么之间的差距。创新，转型，开创未来。仅仅存续下去，不是真正的发展壮大。[4]

大多数公司的问题不是它们垮了，而是它们太枯燥乏味了。枯燥乏味的公司绝不会大获成功。

本书是写给那些决心将企业发展壮大的读者，而不是那些仅仅想让企业活下去的读者。无论他们属于什么行业，或者在哪个领域奋斗，他们的目标都是书写扣人心弦的成功故事。本书分为 4 个部分，每部分的内容独立，合在一起就概括了实现卓越业绩需要遵循的基本原则，即简单、直接，能够为战略、创新、服务和共享的繁荣提供全新指导的反直觉的洞察力。我希望本书既有指导性，又富有启发性。所谓指导性，是指它可以提供一些能够立刻运用的信息和经验教训；所谓启发性，是指它介绍了一些领导者，他们野心勃勃，不走寻常路，在人们熟知的领域努力奋进。

在为写作本书进行调研时，我跑了数千英里①，从英国的伦敦跑到阿拉斯加的安克雷奇，从阳光明媚的拉斯韦加斯跑到密西西比河畔某个静谧的小镇。我在搜集足以昭示我们进入新时代的成功故事。我花费很多时间穿梭于工厂之间，拜访零售商店，坐在会议室观察大型公司、企业组织、非营利机构是如何运作的。本书提到的 15 家公司分属于不同的领域，有着迥然不同的历史和文化。不过它们都有一种鲜明的特征：它们的领导者即使在做最普普通通的事情时，也采用了不同寻常的方法，下定决心要做成某些重要的事情。

我试图用具有传奇色彩的公共知识分子约翰·加德纳提出的“坚韧的乐观主义”来定义这些故事。加德纳写道：“未来不是由那些不相信未来的人创造的。”倒不如这样说，未来是由“那些备受感召的人、那些狂热分子、那些极度需要某些东西或者相信某些东西的男人和女人”创造的。[5]

当然，即便是坚韧的乐观主义者也得面对问题、失望和危机。正是这种压力才会带来全新的天地、巨大的变化、用某种前所未有的方式做事情的动力，等等。我一点都不怀疑，我为之作传的一两家公司会遭遇它们（也包括我）不曾预料到的挫折。不过，我想做

① 1 英里 ≈ 1.609 千米。——编者注

到的或者说我确信的是，在本书中你将读到的那些观念、那些人将会点燃你心中的激情，驱使你追求卓越，而不是在一种失败的常态中得过且过。

“未来不是由那些不相信未来的人创造的”，而是由“那些备受感召的人、那些狂热分子、那些极度需要某些东西或者相信某些东西的男人和女人”创造的。

在我的最后几次调研中，我有一次去了俄亥俄州的克利夫兰。林肯电气公司就在这里，它是多年来我热切渴望研究的公司。它是美国最伟大的制造企业之一，是焊接设备和切割机床的生产商，业务遍及全球。它的历史可以追溯到 1895 年。林肯电气公司从来没有上过头版头条。不过自 1958 年以来，它确实创造了历史。它发誓决不解雇任何一位员工，从 1934 年开始，它就拿出利润中的很大一部分与克利夫兰地区的雇员分享。林肯电气公司意识到，让员工参与企业决策、分享企业的利润，他们就会毫无保留地努力工作。因此，在一个命中注定平淡无奇的领域，即使面临着衰退、金融崩溃和技术的更新迭代，林肯电气公司仍取得了其他公司难以匹敌的成就。

与公司的首席执行官结束谈话后，我走出办公室，来到巨大的生产车间。我看到一个巨大的指示牌，上面写着：**现实是有限的，可能的才是无限的。**这句话来自公司创始人的弟弟詹姆斯·林肯，他是公司经久不变的运作体制和商业模式背后的预言家。

这种精神正是本书的主旨，它带来了那些成功的故事。

你的故事如何呢？

01

不要想做到最好，要努力成为唯一

最成功的组织会挑战被广泛接受的观念，
其所作所为是其他组织不会做或者不敢去做的。

第一章

什么是你的价值主张

“竞争和选择不是一回事”

米尔顿·凯恩斯位于伦敦西北 80 千米处，与剑桥、牛津的距离大致相同。这地方没有什么历史名胜、田园风光，也没有那种传奇的宿命色彩。这是一个平淡无奇的地方，只有办公大楼、商场、住宅区。它是 20 世纪 60 年代建设的那种所谓“新城”，是都市规划和商业开发政策的产物。稳定的增长和低失业率让这座城市引以为豪，即使它完全没有什么特色。弗朗西斯·蒂巴尔兹是英国新晋建筑师和城市规划师，也是颇有影响力的《营造亲和的城市》一书的作者。这座城市取得的成就让他印象深刻，但城市本身让他嗤之以鼻，他将之描述为“乏味的、死板的、贫瘠的，彻头彻尾的枯燥乏味”。在一篇名为“米尔顿·凯恩斯——谁忘了城市设计？”的文章中，蒂巴尔兹抱怨这座城市错过了“成为世界上最伟大的样本之一，以展示全新的空间创制”的机会，而是成了“一个好的、坏的、不好不坏的建筑的集合”。[1]

与之相对照，发生在奥克格罗夫郊区的种种活动就显得有些“格格不入”。在这里，好奇的居民们成群结队，要么开车，要么步行，要么围观人行道上嘈杂、充满活力的活动。一位唱片骑师（DJ）正在飞速地打碟，跟着最流行的音乐左右摇摆。踩着高跷的小丑是个开心的小伙子，他和每个够得着他的手的人击掌相庆。路边有人售卖爆米花、冰激凌和肖像画。还有几个显要的政治人物，包括米尔顿·凯恩斯市市长和本选区选出的议员。市长佩戴着装饰华丽的“公署之链”，这是英国的一种礼仪制品，象征着权力，历史可以回溯到中世纪。议员是托利党人，在最近的选举中刚刚击败了市长（这两位曾经的对手看上去相处得不错）。不过，最引人注目的名流，大概是一条12岁的约克郡小猎狗，名叫达菲尔德爵士。路过的行人都认得它，会拍它、逗它。

这般热闹非凡的聚会是太阳马戏团盛大演出的开幕呢，还是好莱坞大片在当地的首映式？实际上，这是为期两天的节庆活动的第一天，庆祝一家新银行落户本地。这家银行正以暴雨之势席卷英国，包括米尔顿·凯恩斯这座城市。这件事说起来要回溯到2010年7月，当时首都银行在伦敦中部的霍本地区开设了第一家分行。此后，这家银行不断扩张，在伦敦最繁华的区域（伦敦市肯辛顿金融区的厄尔斯考特），以及东北部的剑桥、南部的布莱顿、西部的雷丁等地开设分行。这次盛大的开业典礼庆祝的是首都银行在米尔顿·凯恩斯开设了第二家分行，也是它在英国开设的第27家分行。该银行的近期目标是，截至2020年，要成立200家分行，吸引100万名客户开户，雇用 5 000 名员工，吸收储蓄 400 亿美元。这项计划雄心勃勃，已经从许多最知名的投资人那里得到了超过 14 亿美元的投资，创立了英国最耀眼的金融服务业品牌。[2]

需要明白的是，首都银行的故事可不仅仅是一个关于企业成长的故事。它和英国此前成立的所有金融机构都不同。这家新成立的分行和首都银行的其他分行一样，看起来明亮、耀眼、有趣且有吸引力。闪闪发光的玻璃架构，配上红黑相间的内饰，高高的天花板和银色的柱子，不同于传统的看起来老气横秋的银行，这里更像是苹果专卖店的升级版。休息室的标识以及 ATM（自动柜员机）屏幕上的文字更像是战斗口号，而不是产品信息：LOVE YOUR BANK AT LAST（终于爱上你的银行）！ DOGS RULE（狗狗为王）！ KIDS ROCK（小孩最酷）！ NO MORE STUPID BANK RULES（不再有愚蠢的银行法则了）！色彩鲜艳的点钞机看起来就像是威利 · 旺卡为了他的巧克力工厂而设计的奇妙装置。公司的吉祥物是一个大大的 M，名为“首都人”，“首都人”也在庆典活动的人流中赫然耸立。银行职员纷纷穿上与首都银行红黑颜色标识搭配的服装。女职员穿红裙子搭配黑色运动外衣，或者是黑裙子搭配红色运动外衣；男职员则穿西装，里面是白色衬衣和红色领带。连达菲尔德爵士也系了条迷人的狗狗围巾，上面印有首都银行的行标。

“我们来这里可不是为了开一家更好的分行。”银行的共同创始人弗农 · 希尔的夫人雪莉 · 希尔说道。她主要负责首都银行的“架构组合”——整合物理空间、客户体验以及企业文化，使银行在英国所有银行中脱颖而出。“我们来这里是要成为世界上最好的银行。做到稍微好一点，这太容易了，没有什么挑战。”那么，要成为世界上最好的银行需要做到什么程度呢？“要狂热地关注细节，”她回答道，“我们所做的每件事要么有助于我们的品牌，要么有损于它。如果某个标识挂歪了，如果我们的某位员工没有微笑，如果我们没有保持紧迫感，那我们就是在传递有损品牌的信息。我们必须把客户服务变成一件有趣的事情。如果做的事情无趣，如果人们没有每天都为之感到骄傲，他们是不会去做的。没有人会喜欢这样的工作。”

这是无可争辩的。几十年来，应该说是几百年来，英国的银行业都是被 5 家吸收储户存款的零售银行所把控，英国人管它们叫商业街机构。这五大行（劳埃德银行、巴克莱银行和苏格兰皇家银行等巨头）都非常强大，却没有什么活力，可谓半斤八两。来自伦敦城市大学卡斯商学院的一份报告中提到，即使在 2008—2014 年这段时间，整个银行系统共收到了 2 100 万次客户投诉，但这五大银行拥有英国 77% 的个人账户、85% 的企业账户。五大行在“数十年形成的不良文化”中苦苦挣扎。这份报告指出，其员工情绪低落、客户满意度低，公众的评价也很低。这种企业文化“得花一代人的时间才能根除”。[3]

“我们所做的每件事要么有助于我们的品牌，要么有损于它。如果某个标识挂歪了，如果我们的某位员工没有微笑，如果我们没有保持紧迫感，那我们就在传递有损品牌的信息。”

对于这种让人感到苦恼的历史，首都银行展望未来，提出了一种新的可能。首都银行是英国自1835年以来第一家在商业街注册的银行。说到老银行，甚至在白金汉宫成为英国王室的正式居所（1837年维多利亚女王定居此处）之前，作为首都银行竞争对手的五大行中“最年轻的”银行就已经成立了。难怪这家新贵让人感觉是如此不同寻常、如此高视阔步，急于改变银行业的方方面面。举例来说，在这样一个国家，金融行业是出了名的工作时间短、法定假日多，而首都银行居然每年开业362天，工作日每天营业12个小时，星期六和星期日则分别是10个小时和6个小时。（银行网点只在圣诞节、复活节和新年关门。）

此外，在这个令客户饱受漫长排队困扰的行业，首都银行居然宣称，新客户从走进一家分行开账户，到带着一张已经激活并开通所有网上银行业务的借记卡离开，总共只需要15分钟，且无须填写任何纸质表格。它不仅免收客户查询账户余额或金融卡的手续费，还花大笔钱改善设施（比如银行的保管箱以及数硬币的机器），而这些在很多银行都已经看不到了。在米尔顿·凯恩斯市以南一小时车程的斯劳市，首都银行开设了英国历史上第一家免下车银行。这一突破性创新引起了英国广播公司的注意。2015年10月，首都银行开设了第二家免下车银行。这次是在索撒尔区，距离斯劳市正东30分钟车程。它同样引起了各界的密切关注。

不过，关于首都银行在英国的崛起，真正引人注目的是：从真正意义上来说，这并不是什么新鲜事。事实上，这是对弗农·希尔在几十年前于美国所创造的一种商业模式的生动、有创造力的复制。这种模式为希尔赢得了声望，并最终为他带来了巨额财富。1973 年，当时 26 岁的希尔在新泽西南部创办了康美银行，只有四五名员工，资本金 150 万美元。[4]35 年以后，康美银行以 85 亿美元的价格被加拿大的多伦多道明银行收购。在此之前，希尔和他的同事们打造了美国最独特的金融服务业品牌，从佛罗里达州到缅因州都有网点，在竞争极其激烈的纽约市金融市场也占有一席之地。

“每一家伟大的公司都会重新定义它所从事的行业。”这是希尔的口头禅，也是康美银行在美国东海岸所做的事情。不过，康美银行依赖的并非什么前沿的技术、前所未有的商业模式，或者是其他什么激进的商业突破。事实上，在这么一个单调、沉闷、毫不出彩的领域，这家银行创造了一种新的银行体验，围绕着他所称的“寓零售于乐趣”的主旨而展开，包括有趣、心情愉悦、出人意料的姿态等，吸引客户前往各分行，在那里和孩子们一起打发时间，与银行工作人员交流等；而不是说将银行看成电力公司、有线电视公司之类，或者像近年来出现的尽可能在网上完成交易的那类公司。希尔和同事经常打趣说，他们所做的处于金融服务行业“令人疯狂的边缘”。他们的经营方式和企业文化与其他银行迥然不同，使得竞争者不敢模仿，即便在事实已经表明他们的做法相当有效的情况下。不过，支撑他们这样做的既有常识和传统做派，也有新潮的思想和现代的高科技系统。

这一“令人疯狂的边缘”如今已经扩展到了大西洋彼岸。希尔输出的是最先进的、大都市版本的商业模式，此前他和同事已经将之扩展到了纽约。它首先被输出到伦敦，现在已经扩展到了以伦敦为中心，周边两小时车程范围内的各个市镇。很难不夸奖首都银行所开启的这种运动和发展趋势的意义。即便以怀疑一切著称的英国媒体，也把希尔誉为闯入因循守旧的、服务水平低下的行业的一股清流。迈克·伯德是专门报道欧洲市场和金融服务企业的记者，他走访了首都银行在霍尔本的分行，见证了人们对首都银行的议论。他写了一篇报道，名为“被这家新式的英国银行深深吸引，所以我开了一个账户”。希尔花了很多时间为企业领导者做演讲，这些企业领导者试图学习他那非同寻常的策略和傲视众人的成功法则。有些莫名其妙的是，希尔的宠物达菲尔德爵士居然吸引了和银行创始人同等程度的媒体关注。“达菲尔德可能是继任丁丁①之后最出名的一条狗了。”狗的主人颇感骄傲，说着打趣的话。此时，一名粉丝希望能抚摸它。（希尔的话只有一半算是打趣，达菲尔德爵士有自己的名片和推特账号，还有一堆从报纸上剪下来的简报，这些足以证明它的知名度）[5]

这份狂热不仅仅局限于客户和媒体。首都银行还吸引了一批金融业的投资者，流传出来的投资者名册令人印象深刻，既有能呼风唤雨的美国亿万富翁（包括对冲基金巨头史蒂文·科恩、建筑商布鲁斯·托尔和罗伯特·托尔，以及替迈克尔·布隆伯格打理投资业务的

---

① 任丁丁，德国牧羊犬，好莱坞历史上最有名的动物明星。——编者注

威利特顾问公司），也有富达管理公司和惠灵顿管理公司这样的蓝筹股机构投资商。2016年3月，距首都银行第一家分行开业还不足6年，希尔和首都银行宣称，他们吸引到又一笔大规模投资（超过5.8亿美元），并打算在伦敦股票交易所上市，市值接近23亿美元。

事实上，在我拜访首都银行伦敦总部的那天，希尔创业初期的投资者之一托马斯·特瑞福罗斯刚巧也在那里。他是一名价值投资者，信奉有价证券分析原则。该原则是本杰明·格雷厄姆和戴维·多德在20世纪30年代首先提出来的。特瑞福罗斯和他们一样，也曾在哥伦比亚大学商学院任教，此前他从未投资过创业公司。通常来说，价值投资者都反感这么做。“这是我做过的第二大投资，也是我第一次投资一家创业公司。”特瑞福罗斯告诉我，“现在我经常问自己，‘为什么当初没有多投一些钱？’你无法想象这一点，除非你亲眼所见。我遇到的每个人都像是首都银行的营销员。去年我参加了一家分行的开业典礼，当时我就想，‘这是一家我喜欢参观的公司，因为它很有趣’。如果它对投资人来说是有趣的，那么对客户来说，它肯定也是有趣的吧！”

更不用说有趣的员工了。和其他快速发展的公司一样，在过去几年里，首都银行招募了许多员工，打造了一支由高级管理人员、私人银行家、商业领袖组成的团队，以及由一线人员提供服务的零售店。（“我们的工作就是找到那些被困在因循守旧的银行模式中的伟大的银行家。”弗农·希尔打趣道。）当然，首都银行会根据他们的知识结构、技术水平和相关行业经验对候选人进行评价，尤其是那些应聘高级管理人员和银行业务专员的人。不过，按照首都银行首席人力资源官丹妮尔·哈默的解释，首都银行强调的是一种她称之为热情的特质，这是狂热的一种外显形式，传递出来的信息是，人们会如何做事、沟通和互动。“归根到底，我们对待彼此的方式就是我们对待客户的方式，”她告诉我，“所以，你是怎样的人和你懂得多少业务同样重要。你的热情可以是外显的或是内敛的，这都没问题。不过，如果你只会打击你身边的人的热情，那么这里就不是你应该待的地方。”

简而言之，在不到 6 年的时间里，首都银行在一个极其缺乏热情的行业里，成为无可否认的充满热情的品牌。“人们不喜欢自己的开户银行，”在米尔顿·凯恩斯，看着四处打量新银行的人群，希尔对我说道，“在美国，人们讨厌银行，觉得它们非常惹人生气。这种情绪很激进。商业街上的银行形成了一种行业联盟，这些联盟成员训练客户接受银行所提供的一切。因为他们别无选择。现在，我们就是选择。客户都要发疯了。我们在纽约做的每件事都比在伦敦做得更好。首都银行花 10 年做的事情，商业银行要花上 30 多年才能做到。”

“在常规杀死你之前，先杀死它”—— 平庸时代已结束

战略的第一条规则就是，你的所思所想塑造着你的竞争方式。20 世纪 80 年代中期，麦肯锡公司的咨询人员迈克尔·兰宁提出了这个说法。它至今依然影响着商界人士对竞争与市场的思考，影响着他们评估自身相对于竞争者的处境。兰宁提出，成功的真正逻辑并

不是围绕研发和最先进的技术，或者供应链和最有效的执行等这类公司内部事务展开的。归根到底，成功取决于消费者那里发生了什么，这是发生在公司外部的，不能仅对他们做出看起来不错的承诺，而是要去服务、满足或者说是取悦消费者。领导者必须设计出一个“价值主张”——一个“本公司将要提供的，清晰的、简单的关于好处的声明，既包括可见的，也包括不可见的。同时，向每名想得到该好处的客户收取相当的费用”。更进一步地说，公司必须持续地提供这些好处。“一旦选择了特定的价值主张，”兰宁指出，“你就必须密切关注它，在整个业务系统中践行这一主张，确保公司的所有活动都有助于增强这种价值观。新的价值主张肯定能带来一种制胜的战略，不过如果一种更加寻常的价值主张能够得到更好的贯彻，也会产生同样的效果。”[6]

这听起来不太像激动人心的关于战略革命的宣言，不过兰宁关于价值主张的理念激励着整整一代商界领袖，他们遵循一种以市场驱动为导向的工作日程，包括提高质量、缩短反馈时间、增加产品功能、细分市场等，提供那些客户愿意为之付费的产品和改良措施。公司逐渐认识到为什么要做得更好、更快、更值得信赖，这不仅是因为它会使得他们的经营活动更有效率，还因为它使得人们更愿意和他们进行交易。“公司的每名客户，”兰宁建议道，“都应该可以从交易中明显看到更多的好处，远超他们所支付的费用。”换句话说，洞悉客户的真实需求，以其驱动精细推理，是弄清市场和竞争的手段。

对此，我的回答是，确实如此，不过……价值主张概念的提出已有 30 年了，我们生活在一个客户拥有更多选择和替代品的世界，这远超他们曾经拥有的；竞争者也数量众多，他们非常有能力，远超以往。现在这个世界，成功不再只是那些回应客户需求的，与价格、外观和特征相关的可见的、理性的经济价值，而是关乎热情、情感和身份认同的价值主张，即重新返回到客户能够期待什么，企业能够提供什么的基本问题上。最成功的企业并非有着最先进的技术或者最激进的商业计划，但它们能够推行最吸引人的理念、积累最值得留存的经验、吸引最热情的客户、招募最忠诚的同盟。也就是说，这样的企业将自己打造成为在可预见的情形下一种吸引人的替代性选择。

“绝大多数公司不是不作为，而是反应滞后。”我们在前言中提及的战略家、咨询师利奥尔·阿鲁西如此说道，“这并不意味着，它们没有创新。每个人都在追求同样的东西，而关于‘标准表现’的标准又不断提高。成功必须有所精进，才能够持久。顺便说一句，这与战略无关，而与行为息息相关。你说一家公司死气沉沉，人们并不会因此而感觉受到冒犯。但如果你和那个公司的某个人说他们做事的方式僵化，氛围就变得没那么融洽了。”[7]

原因是：那些试图超过行业平均水平、试图在激烈的竞争中大获全胜的公司，它们的存在是独一无二的，它们的表现也是独一无二的，不是说仅仅比其他公司好那么一点点。它们能做到的事情是其他公司无法或者不愿做的。弗农·希尔是典型的观念驱动型企业家。他提出了一种独特的价值主张。他把一个众所周知的（甚至是沉闷的）领域转变为一种戏剧性体验，一种与客户打交道的方式。这种方式在他展示其可能性之前，客户闻所未闻。他和他的同事们做的事情是其他商业街银行无法做到的，因为他们能够高瞻远瞩地意识到什么是这个行业重要的事情，而这是其他银行没有意识到的。

换句话说，首都银行创造了一种品牌战略家亚当·摩根所说的“灯塔认同”理念。摩根是一家全球营销公司的创始人，公司取名为“吃大鱼”，在伦敦、旧金山和纽约都设有办公室。他和同事们长期研究那些在各自领域打破常规的公司。摩根指出，这些打破常规的品牌展现出诸多与众不同的个性，既有民主派，也有不遵守规则的标新立异者，还有活跃的失败者。不过，这些公司都展现出一种基于 4 个关键点的战略性安排。第一点是视野。“他们看待世界的方式有一种非常特别的视角。”第二点是紧迫感。“他们做的每件事中都透露出他们的紧迫感。”第三点是突出。“他们非常突出，即使不关注他们，人们也很难不注意到他们的行为。”第四点是信念坚定。他们抱有一种坚定的信念，“他们是独一无二的”。

正是这种灯塔认同，这种得到充分界定的价值主张，将他们与行业内的其他企业区分开来，绝大多数企业都满足于矫饰他们金钱至上的价值主张。每次你遇到他们，或者说一遇到他们，你会明白，他们看待世界的方式、他们在乎的、他们想法的重要性、他们对获胜的期待，以及他们做事的理由和他们的竞争方式，都与你有关。简单地说，摩根提出，“有灯塔认同的公司和品牌并不打算让客户说了算，反过来，他们邀请客户，让客户认同他们的想法”。[8]

可以肯定，弗农·希尔拥有大量资源，足以在伦敦及周边地区获取巨大的利益，在世界上最重要的城市之一积聚大量财富，打造一家类似的银行。不过，并不一定是拥有很多钱或者是营销天才才能提出一种内涵丰富的价值主张，也并不需要首先打造一种灯塔认同，并聚焦于客户。有时候，也许是绝大多数时候，企业家和发明家从挑战他们客户的预期开始，创建一个能传递一套新的预期的组织。不过，他们也会从挑战组织本身的预期开始，允许组织内部的人员针对死气沉沉的现状，提出吸引人的替代品。

具有“灯塔认同”的组织“做每件事时都会留下独特的烙印”。

让我们来了解一下一位与众不同的欧洲企业家的工作。我第一次遇见她是在《快公司》创刊没多久时。她的公司用了20多年的时间在最不起眼、最边缘的行业中开拓了一片新天地，一跃成为引人注目的、快速增长的、广受赞誉的公司。以赫尔辛基为基地，莉萨·约罗宁创立了她的公司，打扫办公室、医院和公寓就是公司的业务。公司业务遍布她的出生地芬兰，北欧（瑞德、拉脱维亚、爱沙尼亚）的许多地方，甚至俄罗斯。20世纪90年代初，她创立的SOL（奈尔清洁服务公司，取名SOL，寓意是祈求太阳的温暖）做的是从芬兰历史最悠久的公司之一分离出来的一小块业务。那家公司是由她家族管理的拥有150年历史的工业帝国。约罗宁35岁的时候，在父亲的安排下成为家族企业林德斯特拉姆公司的首席执行官。不过，她认为一线员工有能力做出决策并能自我管理的离经叛道的看法，和她父亲老派的自上而下的管理方法发生了冲突。为了避免和父亲直接交锋，她将公司最没有吸引力的业务模块剥离给自己，想把自己的想法付诸实施。剥离一结束，她和她的同事们几乎立刻就开始实践。

约罗宁的核心主张既简单又深奥，她曾在博士论文中阐述了她的想法：正是因为SOL这样的公司回报率很低、流动性大、毫无魅力，所以不必像以往那样做。在清洁行业中，可以发明一种新方法，立足于一种员工优先、客户其次的价值主张，提升公司和员工的形象。"我们的主要目标是改变清洁工的工作方法。"在公司稳步发展的时候，她告诉《快公司》："让员工动脑思考，就像让他们动手干活一样。"她声称，最终目标就是"在常规杀死你之前，先杀死它"。[9]

约罗宁的公司做的每件事几乎都与常规不符。SOL的总部位于赫尔辛基商业区中心一个重新装修过的电影工作室，是年轻、活泼、充满活力的办公场所。墙上用炫目的红、白、黄色漆上"SOL City"（奈尔的城市）字样。会议区和会议室是独具个性的邻家设计风格。无论是办公地点还是公司文化，都彰显出一种自上而下的乐观主义、愉悦和积极的氛围。举例来说，每星期四的午餐时间，SOL为每位员工和访客提供免费汤，把办公室变成了赫尔辛基寒冷冬天里温暖的避风港。公司通过互联网介绍自己，宣传公司的文化，SOL的网络上有一组搞笑、开心的视频，名为"你生活中的阳光"。（其中有个视频中的约罗宁身穿黄色小鸡套装，和同事笑作一团。不过，因为大家说的是芬兰语，所以我不确定是不是真的那么好笑。）

不过，轻松活泼的风格并不真正能让公司在行业中脱颖而出。通过重新思考这个行业的工作的核心特征，约罗宁和她的同事才能打造这样一家快速增长的公司。这是很少有人愿意从事的行业，不过和其他行业一样，只要给予其机会，它就能提供各种各样的机遇，从而带来增长、创造力和扩张。这也意味着，要把决策权自总部分流到基层，允许下属的团队和部门确立他们自己的业务目标以及达到目标的方法，甚至允许一线员工负责预算、聘用，以及和客户谈判的工作。"生活不容易，工作不容易，"约罗宁这样告诉我们，"不过在服务行业，如果你自己都开心不起来，你怎么能让客户开心呢？"

举例来说，SOL 最早提出的一项创新就是坚持，让清洁工在白天工作，打扫人满为患的办公室、实验室和医院，而不是在大多数人都下班后的晚上。而且，他们要求清洁工工作时都穿着亮丽的红黄色连衣裤，这让员工有一种自豪和职业化的感觉，不会被客户轻视。这种做法有悖于行业常规：一般的做法是大多数人都已经下班了，清洁工才来到服务的场所，清洁工们干起活来也是尽可能地安静、不引人注目。不过，约罗宁意识到，如果她的员工在客户工作的时候出现，打扫时机敏、认真，客户就会给他们提供更多的机会。而且因为基层部门和一线员工有权达成交易，所以清洁工基本上扮演着销售员的角色，他们不仅仅是打扫地板，也决定着业务范围。

这样做的结果就是，最早雇用 SOL 公司打扫地板或者更换床单的医院，现在还雇用其员工做助理护士、帮助病人做医疗检查、提醒医生病房里的紧急情况。在越来越多的食品杂货店里，一线的SOL员工不仅打扫地板，还整理货架，更新价格标签。在芬兰国家冰球队的大本营哈特瓦尔竞技场，SOL提供的服务包括清洁场地、问讯服务、24小时的安保监控等。换句话说，SOL做的事情是它的竞争者不能或者不愿意做的，因为它的战略构想和组织能力是它的竞争者们不具备的。

SOL用事实证明了自己。我刚知道SOL的时候，它的员工不足2 000人，年收益3 500万美元。20年后，当我从莉萨·约罗宁的尤哈佩卡居哈匹克·约罗宁那里了解公司近况时，业务增长和多样化让我赞叹不已。到2015年底，SOL的员工超过11 000人，芬兰以外就有3 500人，年收益比公司早期增长了10倍，业务增加了全新的安保服务、临时用工等。莉萨·约罗宁退出公司的日常管理，成为北欧领导者心中的标杆，她获得了很多奖项，吸引了商学院教授们的注意，她开始和那些热衷于学习SOL经验的前沿行业的首席执行官分享她的洞见。“人们总是野心勃勃，喜欢空想，”“回顾公司的创业时期，”她解释道，“他们为自己设定的目标比我们为他们设定的要高。因为他们设定了这些目标，所以他们就会实现。”

“唯有我们做我们所做的”—— 谜语 vs 神秘

历年来，每当我鼓励公司和它们的领导者采纳一种内涵丰富的价值主张而不是赚大钱时，我总能听到各种各样的警告，不要想得太远，目标定得太高。一种常见的担心是不可避免的竞争反弹：如果一家更勇敢、更聪明、更具前瞻性的公司成功地做到了某些新颖的事情，合理的推断是，接下来更大、更有钱、市场地位更稳固的公司肯定会发掘其成功的奥秘，效仿它从而超过先行一步的创新者。如果最终会被拥有各种战略资源的竞争者超过，那么在一个行业中首创全新的做法又有什么意义呢？

想一想微软是怎么奇迹般地（也是致命地）打败网景这家硅谷创业公司的吧。网景开发了第一款被广泛使用的网络浏览器，引领了互联网革命，几年以后就被微软复制的浏览器击垮了。再想想，有线电视的巨头们是如何复制了由 TiVo（美国数字录影机公司）首创的录制–回访技术，从而永久地改变了我们看电视的方式，却让 TiVo 在技术突破的荣耀榜上留下了苍白的影子。著名记者、剧作家克莱尔·布斯·鲁斯说过一句有名的俏皮话："没有哪件好事是不受惩罚的。"在竞争战略中，人们担心的是"没有哪个好点子是不能被复制的"。

这是真的吗？事实上，像网景和 TiVo 这样致力于改变游戏规则的公司所经历的抗争更像是例外，而不是惯常。在一个极力为突破和想象奋斗的世界里，过于谨慎的传言激起了过多的小心谨慎。其实，更让我吃惊的是，绝大多数规模大、长期占据市场的公司不情愿或不能向它们所处行业的市场开拓者学习（更别说复制了）。模仿可能是最诚实的恭维方式，不过它是最罕见的一种竞争性应对。而且它肯定不应该成为止步不前的借口。你的竞争者并不会做什么，尽管他们已经知道你正在做什么，这一点多半会让你感到惊讶。

这是有原因的。[10]多年前，一个名叫格雷戈里·特雷弗顿的国家安全专家对收集情报进行了区分，这促使美国很多政府机构重新思考它们评估竞争对手、判断威胁的方式。他做的区分也可以用来解释为什么我们拜访的公司是其竞争者难以超越的。特雷弗顿指出，冷战时期，情报机构面临的问题是谜语：苏联有多少武器？今天，绝大多数重要问题则是神秘的：为什么萨达姆·侯赛因要吹嘘他根本没有的大规模杀伤性武器？伊朗会信守它与西方达成的核协定吗？

谜语和神秘之间有什么区别呢？特雷弗顿解释道，谜语可以通过更多的信息和更精确的评估找到答案。而神秘只能被理解，但无法找到答案。“神秘就是一种目标含糊不清的努力，”他写道，“谜语也许更令人满意，不过世界不断地抛给我们神秘的事情。”他警告说，像寻找谜底一样寻找神秘问题的答案，这是危险的、充满幻觉的——带来一种盲目的自信，以为通过处理更多的信息便能认清只能借助更多的想象力才能理解的局势。

收集情报是真实的，理性地思考战略和竞争也是真实的。就谜语而言，我们遇到的公司并没有其他公司没有的要素。无论储蓄账户或者是办公区的清扫工作，没有什么是它们所特有的，也没有什么别人无法窥探的知识产权，工作流程也谈不上有多少秘密。实际上，弗农·希尔就很乐意和那些急于向他学习的企业家分享首都银行的运作模式，莉萨·约罗宁和同事也总是利用各种场合宣传他们的SOL运营系统。所以，这些公司如此独特的原因并不是其他公司缺乏可以匹敌的信息，而是因为它们缺乏想象力，不敢追赶和应对这些“灯塔”般的竞争者，凝聚热情和耐心像它们那样开展业务。对于这些公司来说，首都银行和 SOL 这样的公司总是显得很神秘，它们立足的原则是其他公司无法想象的，更别说复制了。

竞争者们不会让你感到意外的。不要因为担心被复制而限制了创新的热情。

首都银行在伦敦无可争议地崛起，也许是最有说服力的事实。从弗农·希尔宣布他有意进入英国市场开始，老牌商业街银行都知道这意味着什么。他的战略手册是一本打开的书，任何强大的组织如果愿意都可以复制，或者至少可以对此做出反击。对于要在伦敦开展的银行业务模式，希尔没有丝毫隐瞒（他多年来一直和政府管理部门商讨，以期获得他们的认可），商业银行在美国的表现也是众所周知的，包括受众颇多的哈佛大学商学院在内的很多机构都将其作为经典案例加以研究。如果保罗·瑞威尔[①]还在世的话，很可能冲进牛津街或者是绕着皮卡迪利商圈大喊：“弗农·希尔来了！弗农·希尔来了！”

那么，五大行是如何回应的呢？事实让人长长地嘘了口气。正是因为没有什么反应，最后使希尔招募到了后来首都银行的首席执行官

① 保罗·瑞威尔，美国独立战争时期的一名爱国者，曾在列克星敦和康科德战役前夜给防御英国部队的美军捎口信。——译者注

克雷格·唐纳森。从银行早年的快速崛起开始，唐纳森就起了非常大的作用。唐纳森曾是苏格兰皇家银行的主管，是 30 多个领导者之首，管理的业务部门有 1 万多名员工，部门年收益达数十亿美元。当时他被派到哈佛大学商学院学习首席执行官的相关课程。他学习到的第一个案例就是商业银行的案例。这个案例使其感到震惊、迷惑，让他陷入了思考。回到伦敦后，苏格兰皇家银行让他提出在英国开展零售银行业务的战略构想。于是他再次来到美国，亲自走访了商业银行。（这个时候，商业银行已经被加拿大道明银行收购，不过银行的核心理念没有变。）走访后，唐纳森比此前更有信心了，他认为，如果苏格兰皇家银行能够采纳使商业银行大获成功的做法，就一定能够重振雄风。在董事会上，唐纳森提出了自己的构想，但被否决。董事会采纳了麦肯锡公司的建议（非常恰当），即削减成本、关闭分行、减少户头，关注网上银行业务。

“那时候，所有大银行都是这样做的，”在米尔顿·凯恩斯的分行开业庆典间歇，唐纳森回忆道，“每家银行都在削减成本、关闭分行。而我则坚信，如果大家都朝一个方向走，你就应该朝另一个方向走。其他人向左，你就得向右。”之后，唐纳森的职业生涯并没有什么大的转折，直到董事会做出决议后不久，他接到了希尔打来的电话。希尔正在寻找一位经验丰富的（视野开阔的）伦敦银行家，以帮助他进入英国市场。这个电话的时机让唐纳森非常惊讶。他告诉希尔，他研究过希尔在美国开展的业务，并建议苏格兰皇家银行效仿学习。“既然你没法到我们银行工作，”这个美国人说，“为什么你不和我谈谈怎么在英国开设一家银行呢？”

接下来就是一连串飞越大西洋的旅行，包括长时间待在希尔位于新泽西州莫里斯敦巨大的庄园里。那段时间，唐纳森和希尔一起谈论战略，拜访银行和其他零售商，并就在英国建一家什么样的银行达成了共识。（可以说，弗农和雪莉·希尔做的每件事都不能称之为平常。他们在莫里斯敦的家可以称为科里纳别墅或“希尔之家”，是一幢花岗岩建造的意大利风格的宫殿，占地 44 英亩[①]，里面有瀑布、雕塑装饰的花园和一个种满树的“柠檬屋”。）周遭的环境和希尔的商业战略都给唐纳森留下了深刻的印象，不过最打动他的还是他所说的“弗农·希尔对客户狂热的关注”。最终，在费城国际机场的偶遇使他下定决心，同意担任首都银行的首席执行官。

“我最后一次飞过去拜访弗农，海关的窗口后坐着一个大块头，”他说，“他们从不微笑，也不会闲聊。他看了看我的护照，然后问：‘先生，这是近几个月你第四次进入我国，你能解释下原因吗？’我告诉他，我来这里是参加一个面试，和弗农·希尔合作成立一家新银行。‘什么？弗农要成立一家新银行？’他转过去对着玻璃窗后面的人说，‘拉斐尔，弗农·希尔要成立一家新银行！红色的力量！自从它变绿以后就不一样了！’（加拿大多伦多道明银行的行标是绿色，而商业银行以及现在的首都银行行标都是红色。）于是，我就想，我该怎样打断这些人，告诉他们我们打算成立的银行其实是在英国？

① 1 英亩 ≈ 4 046.86 平方米。——编者注

出了海关以后，我坐上车，给妻子打电话告诉她我要接受这份工作。在我的一生中，我从未遇到过类似的事情。”

那些海关人员并不是因为希尔的银行比其他银行稍微友好或者是更便利，就对它表现出热情的，而是因为希尔和他的同事创造了一种经营方式，它带来的充满活力和色彩的感受，是在其他银行无法体验到的。他们做了其他银行无法做到的承诺：史无前例的营业时间、不同寻常的服务、为账号和借记卡查询这样如同饼干模具一般的业务设置了独特的条款和区域等。他们的工作表现也是其他银行无法比拟的，从高度个性化的设施，到傻乎乎的吉祥物，再到开心的雇员。对于美国和英国拥有上百年历史的银行来说，如何对此做出有意义的回应，是非常令人困扰的问题。

“如果某个典型的英国银行家打算做点与此类似的事情，他会找来 10 个朋友，他们会再雇用 10 名咨询人员，然后他们就有了 100 个理由说明为什么这样做行不通。”弗农·希尔笑着说道，“大银行能看到我们正在做什么，不过他们按照自己的模式运营，一般会分析投资回报率，却搞不明白为什么这样做行得通。这样的竞争需要的是一种坚定的纵身一跃。没有人愿意秉持信念纵身一跃。”这就是绝大多数事情都平淡无味的原因。

这就是克雷格·唐纳森亲身经历的。当时他还是苏格兰皇家银行的一名主管。这也是大银行对首都银行带来的挑战所做出的回应（或者说没能做出回应）。“看看那些老牌银行，”唐纳森说，“它们都努力做到同样的事情。劳埃德银行是绿色的，巴克莱银行是蓝色的，除此之外，一切都是一样的，一样的工作时间、一样的店面布置、一样的产品。其中也许有竞争，不过肯定没有选择的余地。而我们带来的就是选择。竞争和选择不是一回事。”

雪莉·希尔用更简洁的方式解释了首都银行与众不同且难以复制的原因。“我们不是为了自己而存在的，我们是为客户而存在的。”说这话的时候，她正带着达菲尔德爵士在米尔顿·凯恩斯的分行转悠，“我们做的每件事都是为了取悦客户，让他们选择我们。这种信息、这种态度、这种文化，表达的是一种生活方式。非常有趣的是，我们的客户会走进其他银行，在里面拍照片，然后发送给我并附信：‘你知道这里有多恐怖吗？’我真的相信，只有我们在做我们想做的事。”

第二章

为什么传教士能够打败雇佣军

“信则有，不信则无”

若干年前，《财富》杂志编辑亚当·拉辛斯盖写过一本畅销书《苹果内情》，书里讲了相当多史蒂夫·乔布斯的事情，包括他的战略选择、设计理念和营销战略等，非常有趣。正是这些论述造就了前所未见的互联网巨头。书的内容没有辜负书名。书中饶有趣味地描述了无论外界（甚至公司内部）如何百般打探，苹果公司始终对公司正在进行的项目只字不提。令人眼界大开的一章的标题是“打动你的朋友/打倒你的对手”，讲的是乔布斯和苹果公司在同伙伴和竞争者打交道时采取的各种强硬的手段。它细致地分析了苹果公司对设计一丝不苟，对公司的产品和包装中最细小的细节都要吹毛求疵的态度。

不过，除了拉辛斯盖所讲的关于苹果公司传奇创始人的幕后故事之外，一个众所周知的事实是，乔布斯的接班人蒂姆·库克为世界各地的创业者带来了一种真正强有力的洞见。故事要回溯到乔布斯宣布因健康原因辞职之后，库克首次和华尔街的分析师们举行了电话会议。拉辛斯盖写道，第一个问题来自一位分析师。他想知道，如果库克永久地顶替了乔布斯的职位，公司会有哪些变化。当然，库克最终确实顶替了乔布斯。当时库克没有详细回顾苹果公司的技术、产品和零售业务，而是做了一段陈述，讲了他和苹果公司其他人都深信的东西，“就像是在背诵他年少时在主日学校学过的一段教义”。

“我们深信，人生在世就应该创造伟大的产品。这一点没有改变。”库克说道，“我们相信简洁而不是繁复……我们有信心对成千上万的产品说不，这样我们才能够真正关注极少数特别重要且意义重大的产品。我们信赖团队的密切合作和多元融合，它使我们能够以其他公司做不到的方式进行创新。坦白地说，对于任何不够出类拔萃的东西，公司内部的每一个团队都不会感到满意；同时，如果我们错了，我们毫不避讳地承认错误，并有勇气纠正。所以，我认为，不用考虑由谁顶替哪个职位，因为这些理念已经深深地渗透进苹果公司，它会让我们干得非常出色……我深信，苹果公司正处在它成立以来最好的阶段。”[1]

对于那些追求卓越的公司和品牌来说，你相信什么已经变得和你卖什么同等重要。现如今，领导者的工作以及战略和竞争的本质，可不仅仅是介绍更有优势的产品或者是提供超出平均水准的服务而已。它涉及提出一套内心真正信奉的原则，挑战那些常规观念，从而使你的公司成为明日之星。著名作家西蒙·斯涅克曾经写道，伟大的领导者“始于问为什么”，“他们选择激励而不是操控”，“将那些信念相同的人聚集起来”去支持一项共同的事业。[2] 他说的一点没错。那些开拓创新的领导者就是这样一种人，他们不考虑公司或所处领域的特殊性，他们愿意做出其他领导者无法做出的承诺，因为他们对未来的洞察力是其他领导者不具备的。正如英国诗人拉尔夫·霍奇森所说：“信则有，不信则无。”

对于那些追求卓越的公司和品牌来说，你相信什么已经变得和你售卖什么同等重要。

约翰·杜尔是世界知名风险投资机构 KPCB 的董事长，也是世界上最出色的风险投资家之一。他将企业家和企业创始人进行了一种富有诗意的区分，它触及了二者不同的核心，即在于你卖什么，而不是你相信什么。杜尔喜欢这样定义企业家：“在别人认为可能性不大的情况下，他做到的远超别人认为可能完成的。”无论其行业或原则是什么，成功的风险创业企业都有一些重要的特点：拥有一个非常优秀的创业者或创业团队，追求技术上的出类拔萃，力图打造一个权威且值得信任的品牌，专注于改进客户体验，合理的融资方法以及紧迫感。[3]

不过最重要的特点是，与其说使卓越的企业家区别于其他默默无闻的企业家的是他们做了什么，不如说是他们相信什么以及他们如何采取行动。杜尔最愿意合作的企业创始人是“传教士型”。那些没那么有号召力的企业家，他称其为“雇佣军型”。他承认，两种类型的领导者各有所长，不过二者之间的不同可以说是“天壤之别”。

在杜尔看来，雇佣军型企业家是“机会主义者”。他们想的是“尽力推销，达成交易”，不遗余力地追求短期回报。传教士型企业家则“具有战略眼光”，他们想的是“伟大的理念”和持久的伙伴关系；他们明白“有所创新需要花很长时间”，是一场马拉松。雇佣军型企业家“渴望赚钱”，而传教士型企业家“热衷于追求意义”。雇佣军型企业家痴迷于竞争，会为财务报表殚精竭虑；而传教士型企业家则专注于客户体验，会为价值主张思前想后。雇佣军型企业家注重“创业者阶层”的权力与话语权；而传教士型企业家注重奉献，只要是好的想法，他们都欢迎，不论是谁提出来的。

最后，杜尔声称，借用企业家、作家、KPCB 公司合伙人兰迪·科米萨最初做出的区分，雇佣军型企业家是由“驱动力”激励的，而传教士型企业家的激励则来自“激情”。“区别是什么呢？”“激情和驱动力是截然不同的。”科米萨在其影响甚广的《僧侣与谜语》一书中对此做过一番解释。对于硅谷的企业家来说，这本书堪称“圣经”。他们梦想的是能够创造巨额财富，同时又不会在此过程中忘掉初心。科米萨写道，驱动力“把你推向你觉得不得不做或者有义务去做的事情”，而激情“把你推向你无法抗拒的事情”。它揭示出你是谁以及你信奉什么。“如果你对自己一无所知，你搞不清楚其中的区别，”科米萨说，“一旦你对自己有了那么点了解，你就能表达出你的激情。”[4]

“在别人认为可能性不大的情况下，企业家做到的远超过别人认为可能完成的。”

对身处激烈竞争行业并取得巨大成功的创新者进行的研究，让我一而再地学到一课，这是一种远大的抱负。说来奇怪，将这一课表达得淋漓尽致的是来自加州的感恩而死摇滚乐队。乐队成员独特的声音、狂热粉丝群体和领先时代的运营模式，使感恩而死乐队在流行音乐史上至今仍受人膜拜。按照其运营模式，乐队的绝大部分收入都来自现场演出而非专辑；众多音乐人、高管们至今仍在效仿这一模式。

让我们聊一聊这段漫长而古怪的发展历程：感恩而死乐队以反主流文化的立场出道，却变成了市场营销案例学习和思考创新本质的范本。事实上，一位商学院教授巴里·巴恩斯——同时也是领导力权威专家，长期供职于 IBM（国际商业机器公司）和约翰·迪尔公司——写过一本书，即《感恩而死乐队是我唯一的商业老师》，他指出从乐队可以学到打造品牌并维护品牌的能力，这一点对其他组织颇有启发意义。这本书激励了一大批记者、市场营销人员和渴望将他们的成功变为管理智慧的商业分析师。

“一开始乐队管理松散，导致灵活有余但执行不力，因此乐队开始在实践和战略方面进行探索，这随后为美国的企业所效仿。”巴恩斯指出，“他们极其重视服务消费者，懂得让消费者快乐才能带来更大的收益……在他们的沉浮中，始终不变的是即兴发挥和创新。他们从不满足于现状，总是不断地改头换面、改变他们的音乐风格和运营模式。在危机重重和瞬息万变的商场中，还有什么比这一课更重要的呢？”

回溯其早年岁月，当时乐队正处于巅峰，有人问比尔·格雷厄姆这位具有传奇色彩的摇滚乐推手和第一流的企业家，为什么感恩而死乐队能够取得这样的成功。他没有谈及他们的音乐、他们的巡回演出，或者是他们打理音乐业务的方式比别人稍许高明等这些属于驱动力方面的内容。他谈的是乐队的使命感和目标，谈的是他们试图实现什么，完全不考虑别人会怎么做。这就是他们的激情所在。“他们并不是他们所在的领域做得最好的，”格雷厄姆说道，“他们是唯一做他们做的那些事的人。”[5]

我无法以更有说服力的语言来描述这种心智、观点、见解，它是我们在激烈竞争的领域取得卓越成就不可缺少的。不论是吸引歌迷前往演出现场，还是在纷乱的世界里打造一个欣欣向荣而非苟延残喘的企业。对公司和个人来说，目标都不再是把许多人都在做的事情做到最好，而是去做只有你才会去做的事情。抱着这样的想法去从事你的工作，管理你的公司，形成你的领导风格，做“传教士”而不是“雇佣军”。

“如果我们追求完美，我们就能实现卓越”——在寻常的行业里做不同寻常的事情

在他 30 多年风险投资的生涯中，约翰·杜尔已经在一些世界上最前沿、最具活力的领域投资了一些最出名的传教士型企业家，涵盖生命科学和电子商务等领域。不过，杜尔的分类未必只能适用于以旧金山或者西雅图为基地的那群创新人士，他们当然算得上振翅高飞、震惊世界。传教士胜过雇佣军之处，也就是与驱动力相较而言，激情所能产生的影响完全可以应用于其他领域。这些领域不像智能手机行业那样有话语权，不像社交媒体行业那样有文化威望。而这恰是本书所要传达的主要信息之一：要形成某些关于如何竞争及获胜的新锐理念，你不必非要进入某个前沿行业。

你是否很想知道我这么说的理由？即在寻常的行业中也能做出不同寻常的事情。那就赶紧前往田纳西州的金斯波特市吧，把车开进老伙计急速服务，点菜单上最受欢迎的套餐——一份酱汁汉堡、大份的法式薯条和一杯甜茶，然后带着这份令人垂涎的套餐离开。你得花不少时间把它吃完，它也会引发你很多的思考：这家小公司给你上了多好的一课。历经多年，我渐渐意识到，我们经常会在最不起眼的地方发现最棒的点子。老伙计就是其中之一。在这里学到的东西足够你大快朵颐，充分满足你好学的胃口。

乍一看，老伙计根本没有什么了不起的地方。它在田纳西州东北部和弗吉尼亚州西南部开设了 28 家分店，都位于金斯波特市总部周边 128 千米的范围内，地处被称作“山地帝国”的区域，夹在阿

巴拉契亚山脉和大雾山之间。它出售汉堡、热狗、鸡肉三明治、薯条和奶昔。虽然味道和品质都不负盛名，不过也都是地道的快餐店卖的那些东西（吃过店里的食物之后，偶尔我还是会对那里的薯条念念不忘，那确实无与伦比）。不过，再深入挖掘，你会发现，对于快餐业或者任何行业来说，老伙计里面没有一样东西是中规中矩的。

究竟是什么使得这家公司如此独特呢？最明显的一点就是，它专注于提高速度和追求精准。店里不提供堂食服务。客户要把车开到一个窗口前，面对面向一位餐厅员工点单（没有刺耳的扬声器），然后开向餐厅的另一角，拿上装有食品的纸袋，再驾车离开。所有这一切都以闪电般的速度进行着：在点单窗口的平均时间是 18 秒，在取餐窗口平均要花 12 秒。这个速度是全美第二快的速食餐厅的速度的 5 倍，后者点单平均花费时间超过 1 分钟。（顺便说一句，这也正是餐厅名字的来历。几十年前，老伙计创始人弗雷德·巴格办这家公司的时候，他就很想宣传他这家店会远远超过传统的快餐店。什么是快上加快呢？急速服务！这家公司的口号就是“美味转瞬即至”。）

不过，老伙计可不只是快得异乎寻常，对不起，应该说如此急速！它还极其准确。你可以想象得出会有多少犯错的可能性：在不到 20 秒的时间里，从双向行驶的停车点穿梭而过的汽车里坐满了正在争吵的一大家子人、态度恶劣的青少年或者是疲惫的商人。（“我说的是香肠面包，不是肉汁面包。”“我要双份巨无霸，而不是双份奶酪巨无霸。”）而老伙计却只会在每 3 600 份订单中犯 1 次错误。这要比一般的快餐连锁店好上 10 倍，是其他快餐店难以匹敌的水准，近乎完美。事实上，使得客户能够在 12 秒甚至更短的时间里驱车离开取食窗口的原因，恰恰是几乎没有人会费神去核对订单。久而久之，人们就基于在老伙计购买快餐的体验而形成了口头禅，“我们不用朝袋子里看，因为它不会错的”。在老伙计业务卓越研究所工作的指导人员戴维 · 琼斯如此说道（后面还有更多），“对我们来说，给客户拿错餐，这是不能够被接受的。哪怕只有一次。绝大部分时间里，不犯错和从不犯错二者之间存在巨大的区别。我们希望做到从不犯错”。[6]

别误会。老伙计可不是什么机器人作业的流水线，能够快速、准确、不动声色地完成大量订单。这家餐厅有种古怪的幽默感。它的外墙涂着醒目的蓝色，设计成楼梯形状，上面画有巨大的汉堡、热狗、薯条，还有一只杯子。当我第一次在餐厅外停车的时候，我实在忍不住跳下车，拉住一个人给我在那里拍了张照片。（很遗憾，我的自拍技术不是一流的。）每个餐厅外面都有一个巨大的指示牌，展示着当天的新想法，这些都是洞察力和灵感的精华（“追逐你的梦想”“对警察挥手”），公司的网站和脸书的主页上也会同步更新。为了提高派发的速度和精确性，菜单不长而且是固定的。不过，老伙计也会提供看起来傻乎乎的限时供应，丰富一下菜单，譬如烧烤热狗（热狗面包加手撕猪肉）和费城小牛排堡。老客户还知道，餐厅还有不少“隐秘”菜单，在正式售卖的食物之外，有古怪的、不同寻常的变化。不过这些从未公开展示过。

这种不懈追求效率和生动活泼的个性化运营方式，用亚当 · 摩根的话说，就是一种“灯塔认同”，其带来的结果就是很高的客户忠诚度。对于快速服务业来说，这是破纪录的。一家商业杂志声称，“老伙计深受喜爱，受欢迎的程度不亚于明星”。这话没有丝毫夸张。老伙计的客户平均每周要光顾它 3 次，相比之下，麦当劳的客户则是平均每月光顾 3 次。对于这些回头客的健康状况，我不做评价，不过经济效益是显而易见的。一家老伙计的店面只需要 1 100 平方英尺①，带来的是令人吃惊的 200 万美元的年收益。每平方英尺的销售业绩（1 800 美元）足以让全美任何一家快餐店羡慕不已（标准的麦当劳餐厅，每平方英尺的销售额还不到 650 美元）。

这些事实和数字还只是涉及最重要的结果。关于老伙计，真正有趣的是它做每件事时的智慧和激情，比如它是怎样招募和培训员工的，它是怎样与那些急于成功的公司分享其理念的，等等。尽管它所在的领域如此不起眼，但老伙计依然位居我所见过的公司中最投入、最善于总结经验、最聪明的公司之列。这可不只是我的个人看法。早在 2001 年，老伙计就获得了声望卓著的马尔科姆·波多里奇国家质量奖（简称“波多里奇奖”），是获得该奖的第一家餐饮企业，以往获得这个奖的企业都是凯迪拉克、联邦快运和丽思·卡尔顿酒店等。此后，只有一家餐饮企业获得过一次波多里奇奖——那家公司率先承认，它所做的所有事都是通过研究老伙计而学到的。

“如果你去观察一名职业运动员，你会发现他做的每件事看上去都非常流畅自如。”托马斯·克罗斯比这样说道。他于 1981 年加入老

---

① 1 英尺 ≈ 0.305 米。——编者注

伙计，并于1999年成了首席执行官。“不过最终你会意识到，要有那样的表现要付出多少努力——各种训练，各种技能的培养以及耗费大量的时间。这对我们来说也是一样的。我们以速度著称，不过在我们的任何一家餐厅都没有计时器。我们尤其关注流程设计、品质、雇佣和培训方面的事。我们把目标锁定在客户体验的那些核心要素上，那些我们能够做得出类拔萃的事情上，然后不断加以改进提高，直到每名员工都驾轻就熟。速度只是结果，却不是练习的重点。”

那么，练习的重点是什么？是驱使员工提供急速服务，通过设计，使客户不必进入店内，通过几秒钟与店员的交流就可以带走食物的大局观吗？“客户到这里来可不是为了和我们一起打发时间，”克罗斯比答复道，“他们需要我们做到的就是让他们的生活稍微轻松一些。他们都非常忙，有许多事情要做，我们就是帮他们让他们继续忙自己的事。此外，我们把他们当成年人对待，没有什么‘推荐销售’，没有‘你想加一杯饮料吗’，我们的客户知道他们要什么，他们不需要我们的额外建议。这样我们就不会浪费客户的时间。而且我们保证，当我们把袋子递给你，里面的每样东西都是你点的。你一踩离合器，就可以继续赶路。”

难以想象老伙计在把汉堡和薯条做得又快又好这类看起来平凡的工作上花了多少心思，或者克罗斯比和他的同事们倾注了多少心血。我们可以粗略地了解一下这家公司是怎么运作的。老伙计的28家分店大概雇用了1 020名员工，其中90%为兼职，这些人中40%的人年龄在16~18岁。老伙计开发并调整了一套筛选系统，以评估这个年龄段的应聘者，这个年龄段的孩子可是出了名的难以管理。这个系统基于老伙计星级服务所需要的态度和特质而设计，有一套 60 分的心理测试。这个系统很神奇，要预测谁最可能在这家公司取得成功。在“同意 – 不同意”的答案中，有以下诸如此类的表述：“大体而言，我对自己挺满意。”“我觉得最好信任你遇到的人。”“提高音量可能是让别人接受你的观点的一种方式。”

一旦老伙计挑选出应聘者，就会对他们进行大量的培训、再培训，考核、再考核。新员工在上岗之前要接受 120 个小时的训练，而且必须在他们做的每项工作中通过考核：烤汉堡、制作薯条、搅拌奶昔、下单。（绝大多数员工都必须在多达 8 项工作中通过考核，虽然一部分人只需要精通一两项工作。）然后，应聘者要每天在每家餐厅轮流工作一次，电脑会随机选出 2~4 名员工，让他们在某项工作中再次接受考核。也可以说是测试吧。他们会接受一次快速测试，看看能否通过。如果没有通过，他们就不能再做那项工作，直到接受了再一次培训为止。（平均每位员工每月接受两三次测试）这么做的目的就是让这家公司的每个人都能精通他所从事的工作，在任职期间始终保持良好的工作状态。这样也就能使公司的运作达到它声称的 3 个百分百，即百分百执行、百分百时间和百分百努力。

这就像具有传奇色彩的橄榄球教练文斯·隆巴迪所说的：“完美遥不可及。不过如果我们追求完美，我们就能做到卓越。”首席执行官克罗斯比的话与之略有不同，“我们更信任考核，而不是结业”。他解释说，“我们训练你，让你结业——大多数公司就止步于此了。但是人们会偏离标准，就像机器也会偏离标准一样。所以我们要不断地训练，不断地指导，不断地培训”。非常重要的是，克罗斯比补充道，绝大多数培训都旨在让员工表现更优异，“得在员工把事情做好的时候激励他们”。在老伙计，“如果员工没有做好某些事，那不是他们的问题，是训练出了问题。我们就是啦啦队，为成功加油呐喊。不过如果你想让员工成功，你就得主动指导他们。如此一来，我们就形成了一整套的企业文化。每天我们都要指导和培训员工”。

老实说，我会猜想，老伙计这么严格地筛选应聘者，要求持续不断地训练、考核和再考核，所有这一切都会让员工过于紧张、过度劳累，担心把事情搞砸。然而事实恰恰相反。当我在柜台后面、厨房以及储藏室转悠的时候，我被那种氛围所打动。它是如此平静、有条不紊，甚至有些波澜不惊。这与露西和埃塞尔在巧克力–糖果工厂看到的情况形成了鲜明对照（20 世纪 60 年代风靡美国的电视剧中的情景）。整个系统设计得如此精细，餐厅中的每位员工都训练有素，所以整个流程能够做到流畅、高效而不嘈杂，忙碌却不乏乐趣。

这种企业文化带来的结果就是老伙计的员工与客户一样忠诚。跳槽的人少得让人觉得有些奇怪。在它开业以来的 33 年中，只有 7 名总经理（负责经营每家分店的人）主动离开了公司。7 名！在助理经理中，年离职率只有 1.4%。对于这个领域来说是相当低了，这里的员工离开公司后，经常是彻底离开了这个行业。即使在一线员工——那些大多数组织无法倚重的难以管理的兼职员工和高中生当中，离职率也只有行业平均水平的1/3。“人们会问我，‘如果你花这么多时间和金钱在培训上面，那么某位员工离职了怎么办？’”克罗斯比说，“我就会反问他们，‘如果我们不花费金钱和时间，这个员工留在公司工作会怎么样呢？’”

克罗斯比非常看重培训，并且投入了很多感情。举例来说，老伙计为公司的每个领导列了一份大师书目，上面有21本书，包括永恒的经典，如马基雅维利的《君主论》、孙子的《孙子兵法》、戴尔·卡耐基的《如何赢得朋友并影响人们》、马克斯·德普雷的《领导是门艺术》，以及关于品质、精细管理和日常执行的专著。克罗斯比还管理着一个图书俱乐部，经常派发这些阅读材料。每两周举行一次活动，他会在星期一邀请来自不同分店的5名经理讨论节目上的某本书。“他们5个人都要读这本书，并做一个陈述，”他说，“包括从中我学到了什么，如何应用于老伙计中，我决心改变什么，在工作中我怎样帮助员工领会这些概念，并将之付诸实践。”

同时，他每天都会确定至少一个主题，以指导公司中的某个人。实际上，在老伙计里面，这是对每位领导者的要求。每天他们必须花费10%的时间指导他人，要确定一个目标主题和一个目标员工。在我前去拜访的那天，克罗斯比的日程表上就有3个指导会议要参加。第一个是关于个人工作能力的，问题涉及：“什么时候一份工作算是真的做完了？你花时间做某件事，你‘完成’了，不过还有些零碎的事没有做好。这算是做完了吗？”第二个是关于创造力的，内容涉及：“我和某人谈论我们所说的‘厨师的心念’。我们花了很多时间在食物加工上面，不过我们从事的是餐饮业，所以我们要像厨师那样想问题。”第三个则是经典的管理学主题，即如何与根据销售预测系统安排工作的仓储部门的领导共事。“对于这些形式化的指导，你必须认真投入，”克罗斯比说，“如果你向恰当的人传递了有价值的内容，你就能给一个品牌以及一项业务带来极大的变化。”

这种指导的理念深深地根植于老伙计的企业文化之中，它已经成为公司增长策略中首要的调节器。就其所取得的成功和实现的目标而言，它实际上可以有更大的发展规模。在过去的 10 年或者差不多这么长的时间里，带有某种风格的急速服务连锁企业［想想西海岸的 In-N-Out（快闪汉堡），或者是东海岸的丹尼·梅耶尔的奶昔屋］突然吸引了公众的注意，成为投资者青睐的对象。（2015 年 1 月，拥有 63 家餐厅的奶昔屋首次公开募资超过了 10 亿美元。）考虑到老伙计在客户中的受欢迎程度已经成为该地区的一种偶像级现象，它理应更快地增开新店，甚至应该将版图扩大到美国的其他地区。因此，我问克罗斯比，为什么公司的发展计划如此克制。

“我们可以发展更快，随着规模越来越大，我们的发展会增速。”他回答说，“不过我们还是相当保守的。对于我们来说，关于规模，我们发现很多公司都理解错了，他们以为增长就是面积和资金的增长。但在我们看来，增长是人的增长，是领导能力的提升。我们的理解是，发展是要培养一位领导者，直到他把公司发展推向我们对他说‘我们无法为你开一家店，因为你是超级巨星’。发展不仅仅涉及市场或者受众群，它首先涉及的是人。”

虽然克罗斯比和同事主要操心的是老伙计内部的指导活动，但实际上在公司与外部世界的联系上，指导也发挥着作用。随着时间的流逝，公司的管理能力越来越成为业界传奇，特别是在公司获得波多里奇奖以后。越来越多的管理者想亲眼看看传闻是否属实。于是，老伙计决定设立一个机构，指导其他公司做老伙计已经做到的事情，不是教怎么做一份大鸡肉汉堡或者是一份烧烤吐司，而是教它们怎样在一个平凡的领域努力做到不同寻常。每个月，有时候是每两个月，老伙计业务卓越研究所都会在金斯波特市召集为期两天的大师班，讲解公司取得巨大成功背后的理念、体制、指标和技术。这些大师吸引了来自不同领域和专业背景的学员，名额提前几周就一售而空。

在我参加的一个研讨班中，有来自酒店业、制造业、建筑业、芭蕾舞剧团、公立学校的学员，当然还有几个来自快速服务行业。许多企业已经是第二次、第三次，甚至第四次派员工前来学习老伙计的经营模式。像老伙计一样，老伙计业务卓越研究所也成了“膜拜的对象”，某个参加研讨班的人和我开玩笑说道。当然即使它不是膜拜的对象，至少也是一个学习的场所，能够激发许多热情和激情。总部位于得克萨斯州奥斯汀市的 K&N 管理公司是第二家曾经赢得波多里奇奖的餐饮企业。在过去的 9 年中，它 14 次拜访老伙计，学习其成功的秘诀。

为什么这些公司不辞辛劳地齐聚金斯波特市？是什么使得老伙

计成为学习的标杆？公司的领导和普通员工是如何保持追求完美的热情的呢？即使是在快餐业这样不完美的领域。我从指导者那里听到得越多，观察身边的学员越多，就越能领会那种传教士型领导者的智慧。老师和学生分享着那种热情，感觉他们正在做某件特别的事情，他们会比同行业的其他人心胸更宽广，目标更远大。研究所的联合创始人和主席戴维·迈克尔克拉斯基说了这样一段话作为为期两天的研讨班的开幕致辞。这段话既和研讨班的每个学员直接相关，也和每位读者直接相关。

“我很尊重平均水平，”他说道，“在绝大多数行业，要达到平均水平并不容易，但是我们选择卓越。这是一种选择。世界不会要求你做到卓越。你得自己为之奋斗。每一天，人们都应该问问自己，‘我愿意做那些普通的领导者不愿意做的事情吗？’世界不会逼你成为卓越的领导者。你必须以此标准要求你自己。”

“在绝大多数行业，要达到平均水平并不容易，但是我们选择卓越。这是一种选择。世界不会要求你做到卓越。”

“没什么像清楚明了那样清楚明了。”——为什么最好的领导者“夸夸其谈”

职场中流传最广的格言之一是，最好的领导者是“言行一致”的领导者。他们知道他们的行为和日常行动必须达到同事以及整个公司对他们的期许。不过，我越是花时间了解那些革新者和表现出色的公司，我就越深入地领会到领导者也要“夸夸其谈”。他们必须能够以打动员工和客户的独特语言来解释为什么他们做的事情很重要，他们是如何期待成功的。归根到底，在本书的前两章我试图说明的是，唯一可持续的商业领导力就是思想领导力。这就是那些对业务有不同想法的领导者不可避免地以不同的方式谈论它的原因所在。

弗农·希尔在英国出版了一本书，讲述了他的个人经历以及商业经营方面的经验。当时他对于语言在首都银行所发挥的作用非常感兴趣，在书中他列了包括 41 个单词和词组的词汇表。在银行内部，它们特别重要，有助于在公司上下达成共识，究竟是什么使首都银行取得成功。老伙计没有自己的词汇表，它有自己的课程表，包括课件、书目、课程计划等，把公司的理念提炼成丰富的语言。这些理念驱使着公司前进，使之在行业里脱颖而出。赫尔辛基的莉萨·约罗宁及同事就用了这样一种极其细致的方法解释 SOL 经营制度，使人们更容易理解他们独特的理念。不过，如果局外人不能认同这家公司对于提升一线员工的作用和责任感的看法，就很难复制他们的做法。

我不确定是否曾感受到和快速借贷公司为新员工举办的任职培训中有同样感染力的语言的力量。在快速借贷公司，这样的任职培训差不多每 6 周举办一次，每次一天时间。快速借贷公司是一家在线抵押贷款服务商，由高调的亿万富翁丹·吉尔伯特创建。吉尔伯特是克利夫兰骑士队性情火爆的老板，也是最支持汽车城经济复兴战略的商界领袖。同吉尔伯特本人一样，快速借贷公司有很多出名的事情，从快速的增长（自 2013 年以来，公司抵押品的总价值接近了创纪录的 2 000 亿美元，公司成为美国第二大抵押贷款服务商，排在美国银行的前面）到备受赞誉的客户服务（荣获君迪客户满意度奖），再到它那热情外向的企业文化；这使它每年都位居《福布斯》“100 家雇员心中最佳企业”和“《电脑世界》评选出的最佳 IT 企业”的前列。不过，在所有这些发展和成功的背后，处于公司战略、服务和文化核心的是一种话语体系，它界定着组织内部的活力，能够捕捉成功背后的传教士般的热情。除非你理解它的话语体系，否则你就无法理解为什么快速借贷公司会取得成功。[7]

创始人丹·吉尔伯特和首席执行官比尔·埃默森称这种话语体系为公司的“种种主义”（ISMs），这就是为什么热热闹闹、节奏紧凑的 8 小时入职培训课程被称为“行动中的主义”。主义是对快速借贷公司的哲学、价值观与行动力等的简短、明确的概括。“数字，然后钱就跟着来了”“它们不做领头羊”“奖励创新，崇拜执行力”“大道至简”“每一秒都很重要”“我们不是‘他们’”。

和我以前看过的有所不同，在马拉松一样漫长的行政人员 8 小时培训课程中，吉尔伯特和埃默森要么分别做陈述，要么一起陈述，引导团队成员观看种种主义，中间夹杂着课间热身、小组交流等，非常打动人。有些“主义”可以在 10~15 分钟介绍完，有些则要花上一个小时，甚至更久。这样做的结果就是，一整天沉浸在一种全新的话语体系当中——一组关于竞争的词汇表，有助于明确公司在市场中的定位，促使公司员工紧密团结。同时，也是观察狂热的、进取心十足且极其自信的执行官是如何充分体会到语言在树立价值、指导行动方面所发挥的作用的机会。“事情一开始做起来很容易，往往很难坚持到最后。”在陈述伊始，埃默森就警告说。“如果你是另一个人，你会愿意和你自己做交易吗？”吉尔伯特问道，其中或许带有英国哲学家约吉·贝拉的智慧与精神。

有趣的是，与我交谈过的一些学员甚至不是新入职者。他们参加“主义日”的复习课程、提醒课程，是为了给自己一个重新熟悉定义快速借贷公司话语体系的机会，见识创始人和首席执行官的语言力量。“这不是关于我们所做的事情，而是关于我们是谁，”丹·吉尔伯特对学员说道，“只有当你知道自己是谁，所有必须做的决策才会变得更加容易。当做决策变得容易，事情就会做得更快。没有什么比内心的笃定更明确的事了。”

我参加课程的那天，1 000 多名参与者挤进底特律河畔文艺复兴中心万豪酒店的宴会厅，只为聆听公司 19 门“主义课程”。奇怪的是，我最先注意到的是参与者手上的橡胶腕带，上面写着诗人拉尔夫·霍奇森的名句（毫无疑问是无意中说的）：“你相信了，就能看到。”（事实上，这是第 11 种主义。）在嘈杂的音乐和观众热烈的欢呼之后，吉尔伯特和埃默森开始进入正题。他们强烈要求同事们信奉“我们身边每一英寸都要努力争取”，换句话说，人们有无数的小机会调整产品、改进流程、缩减成本，从而大获成功。（这是该公司

19 种主义中的第 2 种。）他们坚持，每个人都应该认同“以紧迫感做出响应是游戏的筹码”，不接受任何借口。吉尔伯特时而半开玩笑，用令人畏惧的轻蔑口吻反复强调，员工在接到电话和收到电子邮件的工作日当天就要做出回复。“我们都是狂热者，”他大声说道，“我们处于疯狂的边缘。”（有趣的是，弗农·希尔和首都银行的银行家们也都说过同样的话。）“如果你‘太忙’没时间做到，我来帮你做。”与此同时，他公布了自己的直拨分机号码，并承诺会帮助忙不过来的同事回复电话。

培训还在继续——有趣的故事、充满睿智的建议、公司快速崛起的历史，这些都凸显了公司声名鹊起背后的理念和洞见。不过，最主要的还是对 19 种主义的反复阐释。更重要的是把这些主义付诸实践。他们所说的都是日常生活中的事务，从大厅的观感到领导者如何梳理信息的种种最细微的细节。我不止一次被埃默森所震撼。他是 1982 年全美冠军杯足球赛宾夕法尼亚州队的队员，其本人简直就是他所阐释的种种主义的代表。有一次，他花了很长时间解释互动时身体语言的重要性（古怪得令人难忘），甚至在打电话时，身体语言也很重要。为了表明以被动方式进行重要谈话的缺陷，他就真的躺在了讲台上。“屁股不挪窝，你是没法产生激情的，”他喊着，“你要投入，你要走来走去！”

对业务有不同看法的领导者在谈到业务时也会与众不同。

比“行动中的主义”更打动人的是我离开课堂时看到的。我花了不少时间在公司四处转悠，想了解领导者在言语中所表达出来的狂热是如何体现在公司的日常活动当中的。这些联系不难发现。致力于可持续的、小小的创新（主义之一就是“坚持找到一种更好的方法”）就意味着，吉尔伯特和埃默森喜欢就公司运营的每个环节都谈论“建立一个更好的捕鼠器”的重要意义。于是，在十多年前，公司就真的成立了一个“捕鼠器”部门，该部门员工（被称为捕鼠器制作者）负责搜寻那些可以用更灵敏、更快速、更便宜的方式达成交易的方法。与此同时，奶酪车间（你懂的）则负责从每个角落征集改进公司业务的想法，加以检验，然后付诸实践。有一年里，奶酪车间居然收到了 7 000 条建议，并将其中的 1 000 多条付诸实施。

公司的 1 200 多名 IT 专业人员可以报名参加一个叫作“子弹时间”（另一个比喻，解释起来要花很多时间）的快速创新程序。每星期一下午，IT 部门的员工可以独自或者组织团队在自己选择的项目上工作 4 小时，节奏快慢自定，只要这些项目和他们平常所做的有所不同（这些项目并不能给公司带来直接收益）。“创新不再是人们穿着实验室的工作服埋头苦干 6 个月或 1 年，然后从某个秘密的场所带回来一项‘颠覆性的’技术。”比尔·帕克解释道。他是 IT 部门的高级负责人，从 2011 年开始主要负责“子弹时间”项目。“如果你想上千次地发动攻击，那么每个地方都要开火。这就是事情演化和改进的规律。”

归根到底，在快速借贷公司内部有关语言力量最有说服力的例子，即领导者所言和组织实施之间的直接联系，体现在公司招募和培训抵押业务银行家的方式上。这是一群处于公司业务顶端的人，是公司利润的主要创造者。他们负责接听重要客户的电话，评估他们的信贷等级，帮助他们管理个人财务、设定目标、按政府规定填写表格，从而得到贷款。所有这些都通过互联网和电话来完成。这是一份快速的、细节繁多的、需要倾注情感的工作。一个标准的抵押业务银行家每周要和客户互动 1 000 多次，这就意味着有 1 000 多次可能达不到“主义”所要求的标准，即专注、服务和快速反应。

米歇尔·萨尔瓦托雷在快速借贷公司做了十几年的高级主管，负责招募员工。她解释说，这就是为什么公司招募的抵押业务银行家中只有 20% 的人此前有过银行业工作经验。（这家快速发展的公司每时每刻都有超过 1 000 个岗位需要招募员工，所以雇用了差不多 130 人负责搜寻、面试、评估那些应征者，并进行背景调查。）仅在底特律，以及零星分布在俄亥俄州、亚利桑那州和北卡罗来纳州的网点，每个月就要雇用超过 125 名抵押业务银行家。“我们真的不喜欢我们的银行家此前有过从业经验，”她说，“因为我们想让他们摆脱此前在其他地方学到的东西。”

托尼·纳科尔斯是公司负责培训和领导力提升的副总裁。他于 1996 年加入公司，成为打包抵押团队的创始成员。这一创新带来了现代的快速借贷公司，突出的正是萨尔瓦托雷所说的东西。“如果我们能够招募到一张白纸那样的人，我们就可以从头训练他，使其充分熟悉我们的思考方法、做事情的方法、接待客户的方法。”纳科尔斯说。在公司内部，他算得上是传奇人物了。“我们这里有些人来自银行业，要打破他们的习惯真的挺难的。”

对于新招募的银行家来说，熟悉种种签字环节，用标准的快速借贷公司的风格来说叫作“伟大银行家训练”项目，就是一头扎进彻头彻尾的技术流程——法律文书、规章制度、软件程序、信用因素、财务分析；在每个环节都需要非常熟悉抵押业务（和相关政府监管政策）。不过，这个持续6个月的训练项目的核心都是关于人的行为的，这可以直接回溯到丹·吉尔伯特和比尔·埃默森所提出的主义——服务、有活力、做决策、解决问题、沟通。在快速借贷公司中，这些都有助于你表现优异。

“我们实践起来像疯了一样，”纳科尔斯解释说，“我们做的事比这里任何人做的都多。我们会听银行家和客户的通话，评估他们的表现。我们听这些通话就像NBA球队观看比赛录像一样：‘这就是好的沟通听起来的感觉，这就是看起来的那样，那个互动很好地体现了我们的承诺，这通电话没有达到我们的标准。’在我们这里，伟大的抵押业务银行家都是细心的倾听者，他们懂得如何评估客户的真实目的，他们有一种紧迫感，他们希望昨天就能把事情做完。在快速借贷公司，领导层做正确的规划，员工们各司其职，每位员工都认为在这里做一名抵押贷款专员是新颖、独特、与众不同的经历。他们喜欢在这里工作。”

02

别让你的所知限制你的想象

我们所处的世界正在被重塑，
那些带来了巨大变化的领导者是挑战各自领域以及成功规则的人。

第三章

克服专业知识悖论

“对最新颖的点子过于自信，反而变成了一种障碍，
使自己无法发现更新的点子，这种事屡见不鲜”

现在是凌晨 4 点 20 分，距日出还有一个多小时，5 月的康涅狄格州纽黑文市寒冷且风声簌簌。我很想回到酒店，远离尘嚣，舒服地躺在床上。但现实是，我漫步在纽黑文绿地，这里既有繁华的一面，又有厚重的历史感。这里有 3 座拥有百年历史、犹如明信片上风景的古老教堂，它们佐证了这里的宗教起源。这座城市的创建者于 1638 年建造了这座教堂，设计宽敞，足以容纳来祈祷的虔诚的信众。沿着绿地往下走，可以看到耶鲁大学旧校区的菲尔普斯拱门，上面刻着校训“Lux et Veritas”（光明与真理）。附近建于殖民时期的尼古拉斯·卡拉汉之家是耶鲁最古老秘密社团之一的本部。这些象征着财富与特权的堡垒，保留了这座顶级学府神秘生活的一部分。这栋白色建筑仅对会员开放。（对传播光明和真理来说，这有点过分。）

我漫步于绿地不是为了沉湎于这里高尚的清教徒式的过去，也不是为了比附近宿舍里熟睡的前程远大的大学生们起得更早。我来

这里是受加斯·布鲁克斯那首歌的鼓舞，结交可以共患难的朋友。我来这里寻找纽黑文市中心那些长期无家可归的人，并与他们共度几分钟的时光。有些流浪汉很容易被发现，他们就在长凳上休息或在教堂的阶梯上消磨时光。另一些则难以遇见，他们要么在隐蔽的小路上喝酒，要么蜷缩在餐厅的门口。无论他们身在何处，总比我们预料到的要多。的确，随着绿地上黑暗散去，太阳升起，流浪汉们从各个看不见的角落冒了出来，他们构成了早高峰时段的另一幅画面，沉默的、孤独的，大部分是不为人所见的。

我与 180 名来到大纽黑文地区各个角落的志愿者此行的目的，是点亮这群被忽视的人的生活。这群精力充沛的游说者，包括社工、教会成员、大学生和联合慈善总会志愿者。他们将连续 3 天在黎明前的几小时出发，完成一项名为“100 天挑战”的倡议。当地住房倡导者估计纽黑文市内及周边地区约 120 名长期流浪者会因此获得救助。（纽黑文流浪汉的总人数要远高于这个数字，但大部分流浪者都是露宿街头几天、几周或几个月就找到地方住了。长期流浪者则不同，他们至少露宿街头一年或更长时间。）

此项挑战的第一步就是找到长期无家可归者，为他们拍照片，记录他们的个人生活及就医情况，并分析他们中谁遭遇暴力、疾病或死亡的风险最高。有些人急切地想要分享自己的故事，也有人没那么迫切，但即使态度最勉强的人也在拿到麦当劳礼品卡后对我们敞开心扉。我们的团队沉着、富有同情心并快速地（少于 10 分钟）问了他们几个问题，这些问题将被用于评估流浪者的脆弱度指数：

“你露宿街头或住在庇护所多久了？”“在过去的6个月内，你被救护车拉到医院几次？”“有人胁迫或哄骗你做你不想做的事吗？”“除了生存，你每天计划过做一些给你带来快乐和满足感的事吗？”

一旦调研结束并分析数据之后，接下来就是要迅速地为这个充满痛苦的脆弱群体中最脆弱的成员寻找住处。我们不是帮他们寻找留宿一周的庇护所床位，也不是把他们带到能够避寒的地方住一晚，我们要为他们找一栋房子或公寓，让那里成为他们永久的家，无论他们是否干净、是否酗酒（通常是住房援助的先决条件），无论他们是否能意识到自己的精神状况问题（这是另一项标准）。换句话说，我们不处理这些人的问题，也不评估谁最值得救助，我们只想彻底终结那些露宿街头的、最有生命危险的人长期无家可归的问题。

这一充满激情的倡议最令人印象深刻的地方在于，它的目标不但雄心勃勃，而且看得见摸得着：到7月30日（正好是该倡议宣布后的第100天），为这座城市75%的长期无家可归者找到永久住所。更令人印象深刻的是，纽黑文这一倡议是一项全国性运动的一部分，该运动旨在用全新的方法来消除长期无家可归的现象，正当这项运动产生重大影响的时候，它掀起了很大的波澜，推翻了该领域经验最丰富的领先者最根深蒂固的“想当然”。

2010年7月，纽约一个名为“社会解决方案”的组织发起了“10万家运动”。其“登月”目标是在4年内政府资源不大幅激增（激增的希望不大）的情况下，为10万名长期无家可归的美国人提供永久住所。该组织事先没有计划如何实现目标（组织者宣扬即兴发挥和随机应变），但这的确是个需要被实现的目标。该倡议的声明描述了解决这些痛苦难题的全新模式。“时机成熟了，”该声明宣布，“不再处理无家可归的问题，而是终结这个问题。”

声明的一项核心原则就是先提供住所：“终结无家可归的问题，唯一的长久之计就是提供永久住所。然而，我们解决这个问题时，经常治标不治本”。另一项核心原则就是知道谁无家可归：“只有知道街上每一个无家可归者的姓名，并由专员仔细评估他们的健康状况和住宿需求，我们才能终结无家可归这个问题”。第三项核心原则是追踪：“直到每个社区每月严密地跟踪和评估其进展并制定改善的调整方式，我们才能终结无家可归的问题”。

最终，186 个城市接受了声明的核心原则，并结合民众之力开始为自己城市内长期无家可归者寻找永久住所。随着活动的展开，由“社会解决方案”组织和联系的当地志愿者分享自己的经验，汇报效果显著或无效的方法，并利用他们的经验为其他地区提出建议。2014 年 7 月 30 日，正当纽黑文在统计“100 天挑战”的最终数据（为 102 名无家可归者提供住所）时，“10 万家运动”宣布了其在全美范围内取得的成果——为 105 580 名长期无家可归者提供了永久住所，是该领域历史上最具戏剧性、最真实、最改变游戏规则的进步。诚然，无家可归仍是社会顽疾，无家可归者的数字随着经济状况、对精神健康的关注以及其他社会经济因素起起落落。但对于流浪超过一年的情况，相关进展很明显。

“还有比解决一个重大问题更令人兴奋、更令人满足的事情吗？”“社会解决方案”创始人兼主席、“10 万家运动”倡导者、最高负责人罗莎娜·哈格蒂问道。“但在社会服务领域，花费毕生精力来处理问题的人们几乎从未体会过解决问题带来的满足感。我认识的人当中，没有人是因为想要工作稳定而加入这个救助无家可归者的项目的。我们之前创立了善于运行项目的小组‘无家可归-大工业中心’。但遇到需要解决的问题的时候，这个项目小组还是放弃了。我们意识到，做事一成不变是很荒唐的。我们希望组织努力克服因开展不同业务模式而产生的各种后果。”

从很多方面而言，应对这种严酷的挑战，拥有专业背景的哈格蒂都是不二人选。在救助无家可归者方面，她是全美最受赏识、最具影响力以及最勇敢的倡导者，是社会服务机构的认证会员。在过去 25 年内，媒体报道了她的工作，摩根大通、本杰瑞等实力雄厚的公司都为其提供过资金支持，麦克阿瑟基金会为其颁发过“天才奖”。1990 年，她创立了一个名为“共同基础”的组织，专门收购纽约市的残破物业，将其改变为设计良好兼具多功能的住宅，为无家可归者提供帮助。这一创举获得了众多支持和颂扬。她的第一个项目是花费 3 600 万美元翻修 1993 年盛大开业的拥有 652 个单位的时代广场酒店。接下来是 1999 年翻修的乔治王子酒店（标价 4 000 万美元），该酒店有 416 间客房。曾是当地的地标性建筑，但年久失修，翻修后这里成为低收入成年人、长期无家可归者以及艾滋病患者的家园。再后来的项目包括“树荫下的安德鲁斯”（标价 1 400 万美元）和“在布朗克斯的布鲁克”（标价 4 300 万美元）。

《华尔街日报》在关于哈格蒂的工作以及“共同基础”翻修或建造物业的深度报道中写道：“大多数庇护所都没有舞厅。”“走进纽约历史悠久的乔治王子酒店优雅的大堂，五彩斑斓的木质建筑仿佛把你带到了墨臣·艾禾里电影公司的电影场景中，这里不再是无家可归者的住所。”《华尔街日报》对这里“绅士般的温和氛围”感到惊奇。再说回之前的舞厅，被修复的方格天花板曾是镀金时代建筑师霍华德·格林利设计的杰作。

1990—2011 年，“共同基础”翻修、建造了 3 000 个单位，为纽约市以及其他地区的无家可归者提供住所，无论怎么评估都是一项非凡的成就。然而，“共同基础”开发越多的住宅楼，哈格蒂就越不满。一方面，“共同基础”因其闻名的策略需要越来越多的时间，甚至更多的金钱。更糟的是，站在时代广场放眼望去，哈格蒂意识到，街上最脆弱的人群，最需要她所建造的住所的人群，不是对这些住所不感兴趣，就是不符合这些住所的入住条件。她说：“这就好比我们建了一所医院，却不接收城市里病得最重的人。”[1]

所以她向自己发起了一项新挑战，并推出了一个试验来验证如何实现目标。如果她和同事跳出自己正在翻修和建造的物业的窠臼，将目光放长远，转而关注他们正在服务的人群会如何？尤其是当他们设定一个极其雄心勃勃的目标，并为这个目标不惜一切代价的时候，结果会怎样？这个目标就是 3 年内将时代广场长期无家可归者的数量减少 2/3。如何区分长期无家可归者和短时间陷入困境者？要对救助对象设置（或避免设置）何种强制条件？需要征募哪种全新的同盟者来一同快速找到住所而不是自己建造住所？进行这一实验需要哪些领导技巧？

上述最后一个问题可能是最关键的。当哈格蒂的“从街上到家里”的倡议初具雏形时，她招募了一位没有任何社会服务经验，没有为无家可归者提供过帮助，没有不动产开发从业背景，所以工作起来应该不会有什么包袱的领导者——贝姬·马尔焦塔。马尔焦塔毕业于西点军校，在被老师推荐给哈格蒂之前做了 9 年军官，曾担任特种作业上尉。从一开始，在解决时代广场无家可归者的问题上，马尔焦塔就有一种军事化作风的紧迫感，信奉“脚踏实地”，愿意在没有时间计划表和目标的困境下“即兴发挥”。“我接受的军事化训练已经让我对所有事物形成了一种定式思维。”她说道，“首先完成使命，永远服从指令。不惜一切代价完成任务，保护人民。”

确实，她建议的某些用于完成工作的技巧让人联想到美军的战略。举例来说，时代广场项目最显著的特征就是推动采访和拍摄当地的无家可归者。这是了解每个人的故事的关键所在。哈格蒂和马尔焦塔有意识地找到那些患病或死亡风险最高的人，并进行实名登记（即声明中提及的知道谁无家可归的原则）。具体如何操作呢？这位前上尉想到了早前美国入侵伊拉克时为找到萨达姆·侯赛因秘密核心集团成员曾用过的挨家挨户、逐个村庄搜查的方式。这种方式对于寻找长期无家可归者也会同样有效吗？

“还记得美军是如何找到头号通缉犯的吗？”马尔焦塔问道，“我们不推出‘扑克牌’，我们也不是在找坏人，但是我们需要一种方法区分出谁数月甚至数年无家可归，谁只是每星期三过来领取救济厨房的通心粉和芝士；谁非常健康，谁正与第四期肝癌做着殊死搏斗。”关注每个人以及他的故事的做法，引起了该领域传统做派专业人士的强烈反对。

“社工们极力反对现在的做法。”马尔焦塔说道，“他们认为这样太不尊重人了。这样做置隐私和人类尊严于何地？但是我们都是得到许可才拍照的。当你将工作细化到个人，当你开始实行实名登记，会让那些想保持现状的人（无论他们是否想保持现状）非常不自在。如果你让他们感到不自在了，那么说明你做对了。”

从理念和组织层面而言，时代广场接下来 3 年的发展为项目铺平了道路，从中我看到了“纽黑文绿地”的进展以及“10 万家运动”在美国范围内的效果。结果太激动人心了，所以哈格蒂决定离开“共同基础”，请马尔焦塔担任总监，开创了“社会解决方案”，并在全美范围内推行这样的做法。

“我们确立时代广场项目的目标时，感觉这是不可能完成的任务，”哈格蒂说，“但现实迫使我们打破陈旧的思维方式。满足于新点子经常会成为发现新点子的障碍。我自己就曾被困在自己的‘住宅泡沫’中。我们必须要问，‘我们还有更好的点子吗？’这就是我们更好的点子。”

“不要害怕改变你的看法。”——煽动力的力量

专业知识只有找到创新的方式才会变得强大。最近几十年内，商业、领导力和社会巨变中一个让人头脑清醒的教训，就是某领域内经验、知识和资源最丰富的人和机构往往都是最后才看到和抓住新事物带来的机遇的。这基本上与我们在前文中所述的现象相反。我们在前文中描述的是，组织和领导者会因为担心遭到市场主导者的反击而不敢去冒险。如果这些主导者意识到了（通常都太晚了），那说明某种新的理念正在占领市场。

当初那些拥有人才和资金、反应很慢的老牌巨头在哪里呢？为什么不是美国广播公司、哥伦比亚广播公司或其他媒体巨头第一个推出 24 小时新闻网络，而是将机会留给了从父亲手中接过广告公司业务的通信领域的新手特德·特纳呢？为什么全球化的音乐公司中没有一家将旗下艺人送到初期的有线电视平台上表演，而是允许罗伯特·皮特曼这位 20 几岁的电台节目编导创立了 MTV（全球最大的音乐电视网），并重建了流行文化的版图？为什么通用汽车那么晚才发现混合动力汽车的魅力？为什么微软那么久才意识到互联网的崛起（即使其彻底摧毁了网景）？为什么雅虎对谷歌和脸书前途光明且令人瞠目结舌的经济价值一无所知？雅虎完全有机会在这两家公司初期还是私营企业的时候买下它们。

这些故事的线索如此相似，问题的答案也总是一目了然：很多时候，我们已有的知识会限制我们的想象力。前英特尔创新策划员辛西娅·拉贝发明了一个著名的术语——“专业知识悖论”，来形容

这种令人变弱的战略性盲目。太多企业和领导者，而且通常都是最优秀的企业和最成功的领导者，都在与“专业知识悖论”进行着斗争。这是一个令人沮丧的现实，你越深入地投入一个市场、一个产品种类或一种技术，你就越难开放思路去接受可能重塑市场的全新业务模式，或超越现有技术的发展方式。过去的成就不一定会成为后续突破的敌人，但可能会束缚你抓住未来的能力。

她强调：“来之不易的经验、最佳实践以及流程等成就组织的基石，同样很可能成为包袱，使其落后。换句话说，我们所拥有的知识，尤其是众所周知的‘知识’会扼杀创新……为什么知识和经验对创新有如此大的破坏力？因为当我们成为专业人士，我们经常会沉浸于‘如果……会怎么样’的狂想中，而不是脚踏实地去关注‘是什么’的现实。”[2]

经验最丰富的人通常都是最后才看到和抓住新事物带来的机遇的。

换句话说，你对一个领域看得越透彻，你用同一种思维方式思考问题越久，你就越难看到新的格局、希望或可能性。拥有法律和艺术教育背景的顾问和教育家艾米·赫尔曼创立了一个有趣的项目，把握住了看和看到之间最核心的区别。她让警探、美国联邦调查局特工甚至特勤局和美国中央情报局的官员参观大都会艺术博物馆、弗里克收藏馆以及其他著名画廊。这些头发斑白的观察者接受过特殊训练，非常善于寻找线索侦破凶杀案或识别威胁。在这个项目中，他们被要求观看毕加索、卡拉瓦乔、爱德华·霍普以及其他大师的杰作。这个练习“不是看艺术作品，”赫尔曼向参与者们解释道，“而是讲一讲你看到了什么”。[3]

或者大部分时候是讲一讲你没有看到的东西。这些训练有素的观察者经常会忽略画作中传递重要信息的关键元素，忽略场景中表达事件的标志，或者就是无法合理地描述眼前的画作。（参与者不被允许使用明晰的语言表达，也不能指着作品描述一个特征或场景。相反，他们被要求将自己所看到的口述给自己的同事。）赫尔曼鼓励参与者：“不要害怕转变视角。”参与者反馈，通过参观这些艺术博物馆学习到的看问题的新思路，拓宽了他们在工作中评估证据的视野。

赫尔曼的项目让这些警探或特工们从按部就班的日常工作中抽离，这是提升技能和保持头脑清醒的有趣而聪明的干预方式。在众多称颂训练程序的报告中，某位副局长在其中一份报告中写道：“在纽约，非凡对我们来说就是平凡，所以在训练中，我们始终更有意识地从观察者的角度出发。”那么，是否存在更持久的克服专业知识悖论的方法？一种将过去最好的经验提炼出来而又不抗拒未来新事物的思维方式？如果有，那么成立多年、经历重大变化的组织的历史经验告诉我们，这不是一件简单的事，它涉及一种和世界打交道的方式，最好称之为“煽动力”。

我第一次对煽动力有明确的感知，是在博达大桥广告公司的一次会议上。这家公司是全世界成立最久的广告公司之一。（近年来，博达大桥的工作备受瞩目且广受好评，客户包括李维斯、凯马特零售公司和惠普等。）我曾受邀参加博达大桥在全球最大的芝加哥办公室举办的一场会议并发言，但很快我决定少说多听。会上，公司高管和策划人员展示了一套经营业务的方法，还发了手册和工作簿，围绕着他们所谓的“适当的胆量”展开——这是一个“简单、中肯且有说服力”却又“使人惊慌、具有挑战性”的理念。为了践行这些理念，他们组织了所谓的战略会议，即全天讨论产品的历史，并以尖锐、新颖的方式预测产品未来的发展。（一本工作簿中写道：“找到如下选项中具有调查意义的做法：头朝下倒挂、微服私访或者是站在一把椅子上。”）

但是最终要使任何一种技巧发挥重大作用，创意人士和客户经理等人必须成为公司所说的具有煽动力的人才。这到底是什么意思？它意味着“有意识地摒弃原有架构，让新秩序自然而然地浮现”，放弃“你根深蒂固的做事习惯、方式以及被迫形成的表达方式”。“光有能力还不够，”博达大桥领导者解释道，“这只能让你做好不能赋予你灵感的普通工作。”光有“煽动力”也不够，它会让你忘记创造的目的，更关注煽动力而非经营。公司建议员工“接受这种二元性”，而不是排斥这两种驱动力。一种是坚不可摧的能力——思维缜密、聪明、有商业头脑、可靠；一种是有无限可能的煽动力——喜欢挑战、有创意、精力充沛、充满想象力。公司极力主张员工“在每件事情上发挥这种煽动力，包括设计的每一项任务、撰写的每一份简报、提出的每一个想法和每一次对话”。[4]

事实证明，煽动力这个术语并非芝加哥那群市场奇才发明的。这个词要追溯到爵士乐领域，要从技艺娴熟但依旧努力为即兴创作留出空间的最具冒险精神的音乐家那里寻找答案。和最卓越的企业领导者一样，最好的乐队领队“指出了触发人们离开习惯的角色和重复模式的矛盾与不和谐的因素”。美国海军研究生学院管理学教授弗朗克·巴雷特（本身也是一位颇具才华的音乐人）指出。（他曾创建自己的乐队，并与汤米·道尔西乐团一起巡回演出。）巴雷特多年前在描述艾灵顿公爵和迈尔斯·戴维斯等卓越的音乐人力图“在极具挑战性的背景下改变自身演绎音乐的方式”时，第一次使用了该术语。

“坚不可摧的能力——思维缜密、聪明、有商业头脑、可靠；有无限可能的煽动力——喜欢挑战、有创意、精力充沛、充满想象力。”

在《对混乱说好》一书中，巴雷特讲述他从爵士乐中学到了各种领导力课程，其中最有价值的就是煽动力的力量。他说，一般的音乐人会允许自己跌入“能力陷阱”——他们依赖“那些过去表演中受欢迎的技巧，实际上会束缚自己”。伟大的音乐家努力“让自己置于需要用不同方式回应的陌生音乐场景，以突破自己”。最终，巴雷特解释道，煽动力是“鼓舞士气的领导才能”。[5]

煽动力不仅仅是一种比喻。就像巴雷特所说的，它是一种让乐队领队和领导者确定自己的专业知识不会限制想象力的方法论和过程。它以赞赏开始，鼓励员工做一些平时不会做的事，“多发现他人的优点，而不是只看到自己的优点”。下一步就是“开始逐渐打破常规”，这“让人变得警觉，多留意新方法”。“设置需要活力的情境”也很重要，它说服人们“一次又一次地尝试，在过程中持续尝试和探索”。领导者通过“反复鼓励”来帮助员工——培养其“越来越清晰的洞察力”，日益增强其安全感。最后，煽动力要求“通过类比使得观察的视角更加敏锐”，给人们留出“跳进困境”的空间，让他们比较和联想将来可能出现的更大困境。

“这里做的每件事都是你意料之外的”——在线外领导（字面意思）

要找到有关煽动力以及有“鼓舞士气”的领导力的令人惊奇的案例研究，无需大费周章，关注佛罗里达州迈阿密海滩停车场即可。这座停车场从默默无闻到声名鹊起，最终成为商业、文化地标。这座停车场是一栋 7 层楼的建筑，位于林肯街和阿尔顿街的拐角，在举世闻名的步行街的入口处。这栋建筑名为林肯大道 1111 号，看起来很不起眼，是一个供人们在迈阿密海滩逛街或在南海滩漫步时停车的地方（约有 300 个车位）。但是，它一点儿都不平凡。2005 年，不动产开发商罗伯特·温纳特买下这里时，它只是一座普通公司旁边不起眼的野兽派设计风格的停车场。温纳特立志要将这里平凡的一切变得不平凡。这不是因为他想创新，而是因为他想重新诠释传奇的迈阿密先驱卡尔·费希尔1910年时提出的建造“林肯公路”的理念。“林肯公路”的修建开启了一个文化和商业发展的新时代。

“我们希望在‘林肯公路’原起点再现建这条路的初衷。”温纳特说道。在接受这个改变游戏规则、界定其事业方向的项目之前，温纳特是一位经验丰富的成功的商业不动产开发商。他在大型不动产投资企业做了20年高管，负责过造价几十亿美元的项目，兼顾社区和商业功能的经营风格使他广受赞誉。不过，他之前经手的项目中没有非常引人注意的，或者与迈阿密海滩项目一样独特的。

新的停车场于2010年春天落成，广受好评。一位记者赞誉它是“汽车建筑”中绝无仅有的，将其形容为“高端建筑和停车场无法想象的结合”。这位记者描述了见到该建筑的第一反应：“停车场是对美国设计的严峻思考，会让人联想到很多词（老鼠、啤酒罐、说不清楚的味道），但激动人心通常不在内。”

这座停车场美到令人窒息，它不仅让司机趋之若鹜，而且成了公益基金会举办活动、品酒会和名流聚会的好地方。“它不是一座停车场，”温纳特说道，“它是实实在在的市民活动空间。”确实，建筑顶层的设计既可以泊车又可以举办活动，而且历年都有名人造访。勒布朗·詹姆斯在迈阿密热火队的最后一个赛季，曾在这里大肆庆祝他的第11双耐克鞋发布。还有哪里比林肯大道1111号更适合庆祝他的“11/11体验”呢？2014年迈阿密艺术设计展期间，媒体在停车场7楼贴出了恶搞金·卡戴珊（给她安上了夸张的臀部）的封面图片，并配文“攻破互联网”。

如今，该建筑有了自己的知名品牌（当地人通常称之为“在1111号见”），在迈阿密海滩上有醒目的标志和广泛的品牌知名度。毫无疑问，这里的停车费要比普通停车场更贵（每小时收费是其他停车场的5倍）。迈阿密海滩很多商店的价格标签都会让“胆小”的消费者望而却步。林肯大道1111号之所以能凭借这个引人入胜的景点和独特的商务模式脱颖而出，正是因为它挑战和改变了以往的思路和期望。

“我们在这里所做的一切都超出你对停车场的期望，”温纳特在拍摄关于1111号故事的短片时告诉制片人说，“我们对自己说，‘我们想想停车场是什么样的，然后再扭转每一个来停车的人对这里的印象。’”值得注意的是，温纳特不是说说而已。他在生活中也是这么做的。他的家位于停车场的顶层公寓，公寓外的景色甚至比这栋建筑本身的设计还壮观。“人们总是问我，‘你为什么选择住在停车场里？’”他打趣道，“当人们走进我的家，他们就不再问了。”[6]

从奢侈品领域其他高管那里听说了温纳特在做的事，并且观看了一部有关他作品的视频之后，我觉得一定要去一趟南海滩，亲眼看看这座停车场，并与设计者好好交流一下。停车场果然不负盛名。造价6 500万美元的停车场拥有夸张的天花板和360度广角视野，没有外墙。比起幽闭的停车场，这里更像是超大的阁楼公寓。它是瑞士著名建筑公司赫尔佐格和德梅隆建筑事务所继伦敦泰特现代美术馆和北京“鸟巢”之后的又一建筑力作，实际也确实如此。这栋7层建筑的楼梯设计得让人恍若到了欧洲的火车站，与平平无奇的美式停车场风格迥然不同。精美的雕塑以及各种公共艺术作品将停车场装饰得恰到好处。停车场外的商圈和停车场顶层有很多高级餐厅和精品店（出售书籍、手袋、鞋履、运动服等）入驻。停车场的5层开了一间约167平方米的时尚零售店，店铺的造型是一个玻璃立方体，十分吸引眼球。

每天早晨，尤其是雨天的清晨，慢跑者和健步走的人会在停车场蜿蜒的斜坡上运动，瑜伽教练则在顶层授课。停车场开张不久，就有很多年轻情侣希望可以在这里举行婚礼，《纽约时报》曾报道过这样一个故事。“这里太让人惊叹了。”害羞的新娘解释道，她是某间艺术画廊的总监。（你有受邀参加过在停车场举办的婚礼吗？）《纽约时报》报道说，这对新人太疯狂了，他们把停车场的图片印在了喜帖上。

“1111号最独特的地方就是它真的是一个精心策划的空间，而不只是停车场。”罗伯特·温纳特向我解释道，我试着理解那种让他可以实现这种创造性飞跃的“双重愿景”。“比起商务大楼，这里更像是一座文化建筑。事实上，是我们‘设计’了这座大楼。我们帮助人们制造谈资。”举例来说，动作片传奇导演迈克尔·贝在这里以真正的迈阿密风格拍摄了一部“维多利亚的秘密”的广告。运动装品牌盟可睐（Moncler）把林肯大道1111号的7楼变成了冬日仙境，举办了品牌60周年庆祝活动。“我们这里27摄氏度，但是他们想要有雪，因为他们是卖滑雪服的！”温纳特惊叹道。“这里每天发生的一切就像一场精彩的表演。你会收获很多在常规停车场不可能有的意外惊喜和体验。没有一件事情在你的意料之中。人们觉得这里太有趣了！”

温纳特和同事们总是寻找机会做一些让人意想不到的事情，有时很精妙，有时稍显无礼。最初他买下这座没人看好的建筑时，它看起来平淡无奇，总部位于亚特兰大的太阳信托银行的迈阿密办公室就在这里。大楼重新设计后，太阳信托银行想在此设立一家分行，温纳特认为该分行应该提供“免下车”服务。尽管这里地处都市，但“免下车”服务还是有意义的，毕竟分行位于停车场内，而迈阿密又有着如此浓厚的汽车文化。但这不是普通的“免下车”服务。这里的设计让客户可以直接将车开到银行，车的两侧都有员工提供服务。“说到‘免下车’服务，人们会联想到郊区的户外空间，你把车开到银行门口的机器旁。”他说道，“但是在这里，你是真的把车开到银行里面。你敢想象纽约市或其他城市提供这样的服务吗？”

罗伯特·温纳特有理由对1111号这种离奇古怪的创意感到自豪。“这个项目的一切细节都和它表面看上去不一样。”他说道，“这里不是停车场，不是办公楼，也不是常见的零售店。我们在创造一种体验、讲述一个故事。”与此同时，他坚信这里的商业理念是切合实际的，是一个高性能的商业地产，而不是没有理论依据的“疯狂的设计宣言”。从这种意义而言，它彰显了博达大桥品牌创立者们所倡导的精神——“思维缜密、聪明、有商业头脑、有责任感”“喜欢挑战、有创意、精力充沛、富有想象力”。

换句话说，这不仅仅是一个创新项目。这是一种充满想象力的行动。“这个项目之所以能够成为成功的商业项目，是因为它最初没有从商业角度出发，”他解释道，“它始于一个想法，一个有灵魂的故事。”这个故事的精髓，他补充道，就是邀请参观者来体验这种意外的惊喜。他表示：“从某种程度而言，整件事看起来非常离奇。我们有一家可以开车通过的银行和可以开着车购物的商店！我在停车场里有一个家！这为人们创造了一种前所未有的体验和服务。我们在这里所做的一切都在人们的意料之外。”

我在纽黑文调研的时候也感受到了同样的意外。我从没有问过哈格蒂她是否会吹小号或者单簧管，或者她是爵士大师迈尔斯·戴维斯还是单簧管演奏家本尼·古德曼的粉丝。但是爵士乐中的领导力思维，确实给她以启迪，帮助她克服了工作中的专业知识悖论。哈格蒂和她的同事们以一种全新的思路和最有效的方式解决了无家可归者的问题。不仅仅是管理项目，她还设计了一系列方法来跟进项目进展，营造一种紧迫感，从而以前所未有的速度达成目标。

“我的总结是，我们找到了一种方法来解决这个一直存在的问题，”她谈到了自己采用的解决问题的模式，“这个模式很好，也确实奏效，但是我们的每项倡议都需要花四五年的时间，花费可能高达 4 000 万美元。我们以这种模式闻名，这是我们的独特之处，但这个模式是难以复制的。我意识到我们需要以一种全新的角度来看待这件事，我们必须突破自我。尽管我花费多年时间‘建造和翻新建筑’，但我也必须放弃自己‘造房小姐’的身份，转而关注如何优化现有的住房资源。”

在我走访纽黑文期间，罗莎娜·哈格蒂、贝姬·马尔焦塔以及

“10 万家运动”已经确定了一整套策略，用来统计一座城市长期无家可归的人口，并帮助他们摆脱这种困境。但这个全新的模式是经历了四年的积极探索、打破常规和提炼观点后才得以出现的——在不同地点用不同的技巧进行一系列的试验，从中学习并成长。“我花了一段时间才明白，这个项目不是复制一两个地方的成功经验，”哈格蒂说道，“它需要适应，需要各个社区和我们一起解决问题，社区能发现我们看不到的问题，并告知我们。”

“10 万家运动”于 2014 年 7 月 30 日“停业”。这是帮助组织者突破专业知识悖论的又一角度：无论你是否想离开项目，无论一项倡议多么有效，你都不能让它永远持续下去。“任期限制”，即根据任期截止时间衡量进展的压力，虽然为实现最终目标提供了动力，防止了职业主义的蔓延，但围绕预算、人数和长期资金的传统压力也被项目推进的时间表、脆弱度指数和“消灭目标”所取代——还要安置多少无家可归者才能达到目标，现有的场所还有多少天可以安置他们。“对无家可归者而言，惰性和过失杀人是一回事，”马尔焦塔说道，“这个活动再也不能继续下去了。”

然而，这也不意味着项目背后的理念不能被延续。“10 万家运动”刚刚圆满完成，非营利性组织“社会解决之道”就宣布了下一项名为“零：2016”的倡议。

该倡议的目标是，到 2016 年底，在 75 个参与倡议的城市中彻底消除长期无家可归的现象，即在活动首次宣布之后的 30 个月内，让无家可归者的数字清零，并且在前 12 个月内（2015 年底前）彻底解决退伍军人无家可归的问题。这是一个雄心勃勃的目标，是另一个改变社会的“登月计划”，这种紧迫感、脚踏实地的组织能力，以及种种努力背后的数据，也许会超过“10 万家运动”已经取得的成果。“社会解决之道”及其同盟者立誓不惜一切代价在“2015 年底之前彻底消除退伍军人无家可归的现象，并在一年后彻底解决长期无家可归者的问题”。就我而言，我看好他们。

纽黑文（以及康涅狄格州其他地方）的积极分子热情投身于这项新活动，他们胸有成竹地宣布其中一个目标会早于预计时间实现。2015 年 8 月 27 日，州长达内尔·马洛伊宣布美国政府已经将康涅狄格州认证为全美第一个消除退伍军人长期流落街头现象的州，而他和相关团队也正在努力实现年底之前消除所有退伍军人无家可归的现象。（2016 年 2 月，马洛伊宣布联邦政府认可康涅狄格州已“有效消除了所有退伍军人无家可归的现象”。）此外，马洛伊对于在 2016 年底前消除整个康涅狄格州（不仅限于大纽黑文地区）长期无家可归者的目标满怀信心。

哈格蒂对此进展毫不意外。不被你所知道的事情限制想象力，就会收获这种成果。“我们看到人们解决复杂问题的热情被再次激发，”当她回忆起在自己身上发生的戏剧性转变时，她如此说道，“我们希望自己成为不为工作而工作的人。”

第四章
有趣很重要，感兴趣更重要
“你最近一次破天荒地做一件事是什么时候”

不久以前，《华尔街日报》围绕一个词挑起了一场残酷而有趣的争论。这个词在首席执行官、商学院教授、思想家以及像我这样的作者口中曾经是神话一般的存在。这个词，我敢说我已经在本书中用了很多次了，它就是创新。专栏作家丹尼斯·伯曼在一篇令人难堪的报道中，一开始就将抨击的矛头指向了约翰·布莱恩特。布莱恩特是成立于 1906 年的备受尊敬的跨国企业家乐氏的首席执行官。他于 2013 年提出了一场重要的创新。家乐氏推出了什么创新来改变游戏规则和转变思维呢？答案就是一种名为 Gone Nutty 的花生酱口味馅饼。是的，这家几十年来生产草莓、蔓越莓和月桂等口味馅饼的企业，现在秉承一种进步的精神，推出了花生酱口味馅饼，并因此扬扬得意。[1]

我永远抗拒不了不健康的早餐带给我的充满罪恶感的愉悦，无法否定家乐氏在 20 世纪的稳定（即便不起眼）表现，或者说无法否定 1964 年问世以来便无所不在的甜味馅饼。但是，如果一个大型跨国企业的首席执行官把新口味的馅饼也看成创新，那还有什么不是创新呢？国际纸业公司首席执行官约翰·法拉奇在文章中承认，创新一词的确被“过度使用”了。正如伯曼所写的，“下一次你的老板开始谈论创新时，你也许可以停下来分析一下：她说的是创造下一代 iPod（苹果公司的数字多媒体播放器）还是新口味的馅饼？”

这是一个发人深省的问题，对于渴望为公司打造更积极、更鼓舞人心的未来的领导者来说，这个问题尤为重要。假装认为某些微小的调整、日常的品牌拓展卓有成效，这很容易。推出一个为期六个月的“创新项目”或成立一个低预算的“创新部门”，也无异于想一出是一出，通过这种方式做出来的产品，用博达大桥公司手册上的话来说，就是“可怕的、不被认同的和突兀的”。

伯曼在报道中列举的一个案例，足以说明问题（不过令人沮丧）：惠普公司渴望推出激动人心的新产品，也渴望从华尔街的咨询顾问那里得到更多的远见卓识，但它的管理者在一场与华尔街分析师进行的关于公司发展方向的分析会上，居然提到了 70 次“创新”！（悲哀的是，惠普成了“永久衰退”的企业的典型代表，一家多年来没有任何激动人心的表现、勉强幸存的公司。）这与我在第二章中提及的蒂姆·库克的电话会议，以及库克在回应外界关于苹果公司发展前景的质疑时给出的激动人心的回答形成了鲜明对比。当你对公司定位和未来前景有坚定的信念时，你还会频繁地使用一个被过度使用的时髦用语吗？

在访问快速借贷公司期间，我所看到的一切令我印象深刻，当一个词在工作和生活中，被彻底误用、滥用时，这个词便偏离了它本身应该表达的意思。这也许就是为什么我遇到的大部分有创造力的领导者很少用“创新”来重振员工对公司的信心。这个词太生硬、太绝对、太片面，与他们期望取得的进展和准备承担的风险并不匹配。

有创造力的领导者很少用“创新”来重振员工对公司的信心。

相反，他们看上去更信奉战略家和爵士音乐家巴雷特所说的“双重视野”——一种即使他们在怀疑自己的想法时，仍能根据既往经验“自信地行动”的能力。“拥有双重视野的领导者会冒着看起来不切实际甚至是有些愚蠢的风险，打破常规，制定远大的目标，这种质的飞跃才是他们想要追求的，”巴雷特解释道，“没有支撑这种不寻常举动的先例，也没有可以作为决策依据的市场指标。”“但是没有这种飞跃，”他总结道，“企业和员工都会被困在现状中。”

换句话说，双重视野就是比推出新口味馅饼或最新激光打印机这种枯燥的小项目更有远见的视野。它涉及创新的本质，需要具备超越专业知识悖论所需要的素质。著名心理学家、社会学家、管理学家米哈里·契克森米哈赖总结了我们大部分人看待动机和表现的方法，他主张真正有创新（不好意思，我又提到了这个词）思维的艺术家、科学家和管理人员都存在“创造性人格”。创造性人格的本质是什么？“如果必须要用一个词来形容有‘创造性人格’的人和其他人的区别的话，那就是复杂性，”他这样写道，“我的意思是，这类人表现出与大部分人不同的想法和行动……每个人都是一个‘群体’，而不是‘个体’。”就像白色包含了光谱中所有色调一样，他们这类人往往集所有可能性于一身。

契克森米哈赖的观点令人难忘，他列出的最具创造力的人所具备的矛盾特性，足以描述我们迄今为止看到的大部分企业家和变革推动者，契克森米哈赖还提到了这些人想要进步时所面临的挑战——需要重新思考所在领域中新的突破点和可能性。举例来说，“有创造力的人往往很聪明，同时也保持着天真”。脑力是创造力的本质要素，契克森米哈赖认可这种说法，但是一些自命不凡的人常常“坚信自己的想法是对的，精神上的优越感使他们失去了求知欲，而求知欲是创新、创造所必需的……保持天真可能与最深刻的洞察力密切相关”。这听起来就像在说才华横溢的企业家约罗宁，她的公司就是建立在天真的信念之上的。她坚信只要给那些社会上的低收入者、地位最低的员工们机会，让他们不仅动手，而且动动脑子，他们也可以获得成功。

“有创造力的人是原则和童心的结合体，或者说是有责任感和不负责任的结合体。”契克森米哈赖断言，“毫无疑问，些许的童心是富有创造力的人的典型特征……但是这种童心离开原则、坚韧、耐力和毅力就走不远。践行创新思想、战胜难免会遇到的障碍，需要做很多艰苦的工作。”我想不到更好的方式来描述弗农·希尔以及他的童心。他所面临的挑战，是要在伦敦建一家全新的商业银行，这是自 1835 年以来从未有过的事情。然而在首都银行颜色炫目、有童趣又有些憨厚可爱的外观背后，首都银行的坚持是当时已有的其他银行难以匹敌的。

还有一点，富有创造力的人“非常谦逊，同时也很自豪”，契克森米哈赖评论道，“表达这种二元性的另一种方式，是把它看作野心和无私，或者看作竞争和合作。富有创造力的人通常要有野心和进取心。同时，在项目成功之前，他们往往不考虑个人的舒适和进步”。我能想到的任何语言都比不上这句话，它精准地表现了托马斯·克罗斯比以及他在老伙计的同事们的精神。在田纳西州金斯波特市的那段时间，我可以感受到公司获奖时的那种集体自豪感，这种自豪感影响了前来学习的企业，这种精神在老伙计成为业内知名品牌的过程中也发挥了作用。老伙计的员工知道自己在做一件非比寻常的事。与此同时，他们对自己总能做得更好这一事实持谦逊态度，他们建立了一套教学、培训、评估和学习的体系，持续摸索，不断改进。[2]

我可以继续讨论契克森米哈赖关于“创造性人格”的 10 个观点，它们一个比一个更吸引人、更自相矛盾。但我希望大家都明白这一点：领导一场影响深远、意义重大的变革，突破大多数行业存在的种种制约，是我们耳熟能详的有关创新的语言所不能阐释的。要在公司或行业有所作为，就必须确保你所知道的不会限制你的想象。

“富有创造力的人会时刻感到惊喜，”契克森米哈赖总结道，“他们不认为自己完全了解周围发生的事，也不认为其他人会完全了解。

他们会质疑显而易见的事物——不是因为反对，而是因为他们能比我们更早发现这些看似显而易见的事物中存在的缺陷。”

最具创造力的领导者聪明且天真，保有童心又不失原则，谦逊而又自豪。

“我们正尝试彻底改变这个行业”——大企业内部的创业

第三章中提到的商业开发者罗伯特·温纳特和社会活动者罗莎娜·哈格蒂都是极富创造力的人，除了对不动产和城市生活模式感兴趣（兴趣点不同）外，他们没有什么共同点。两人都有着惊人的成就和与众不同的经营手段，都突破了专业知识悖论并在各自领域开创了新局面——“社会解决之道”超越了他们和同伴之前做过的任何事。他们展现出了契克森米哈赖归纳的许多矛盾特征，并利用这些特征为自己正在服务的目标找到了全新的策略、指标，书写了激动人心的新篇章。用辛西娅·拉贝的话来说，他们不允许“‘是什么’这种脚踏实地的事实影响自己的想象力”。

这种至关重要的领导力挑战的背后隐藏了什么？是否有机会让知识和经验成为未来的平台？正如拉贝的警告，不要让知识和经验成为“重负”，要让它们成为开拓进取的基石。有没有办法让企业和组织把自己的知识、积累的经验教训、所有努力克服的障碍和经历过的挫折汇集起来，从而创造新的可能性呢？超级巴士的崛起，是美国交通运输行业发展中浓墨重彩的一笔，给这些影响传统企业发展的问题带来了解决方案。

超级巴士是改变游戏规则的公司之一，它的业务很容易被理解，但是很难被欣赏，除非你享受过它的服务。该公司提供往来北美 120 个城市间的公共交通服务。公司成立于 2006 年 4 月，在芝加哥有一个集散中心，提供前往辛辛那提、印第安纳波利斯、密尔沃基和其他 5 个中西部城市的特快线路。超级巴士只用了 18 个月的时间就已经载客百万，并且增设了新的线路和车辆。随着时间的推移，缓慢、稳定的扩张替代了高速增长。超级巴士现在的业务规模已经非常庞大（每 6 周载客 100 万），涉及多个城市，行业分析师们甚至以“超级巴士效应”这个词来形容该公司对老式客车公司乃至整个交通运输行业的影响。长期以来，巴士被认为是邋遢、脏乱和危险的。在不到10年的时间里，超级巴士使乘坐巴士旅行的方式被人们所认同。它在一个缓慢增长的行业中实现了快速发展。[3]

自超级巴士在芝加哥成立以来就担任负责人的戴尔·莫泽表示：“这是一种新颖的、与众不同的模式。我们尝试彻底改变整个行业。这算是一个关于未来旅行趋势的试验、倡议或者也可以算是个小赌注。并没有‘专家’说这是未来的旅行趋势，我们在这个领域没有真正的竞争对手，我们唯一的竞争对手是小轿车。‘我们能让人们放弃小轿车来坐我们的巴士吗？’这是我们在一开始便提出的问题，我们也不知道答案。为了实现这一目标，我们彻底改变和重塑了公共交通服务。”

毫无疑问，超级巴士开创了一种前所未有的服务模式。当然，也有低成本的供应商提供往返于波士顿—纽约或芝加哥—圣路易斯等热门城市之间的线路，一些国有企业也开始在超级巴士已有的服务线路上提供票价低于超级巴士的公共交通服务。但这些企业没有一个能够提供整体方案，将点到点服务、遍布全国的线路、有趣的预约和售票形式，与充满童趣的品牌特点整合在一起。2015 年 7 月，美国有线电视新闻网（CNN）公布“改变全球旅行方式的 11 人”榜单，上榜的有优步创始人、硅谷巨子特拉维斯·卡兰尼克，希尔顿酒店集团市场营销全球总监杰拉尔丁·卡尔平……以及低调的超级巴士总裁戴尔·莫泽。

超级巴士真正的不同之处在哪里？首先是客车本身。从达拉斯到奥斯汀，或从匹兹堡到克利夫兰，没有比乘坐狭窄破旧的大客车更无趣的方式了。但超级巴士与众不同，这些客车外观漂亮，乘坐便捷，体验舒适。超级巴士配备双层巴士，车身颜色炫目，全景车窗和玻璃车顶为乘客提供了更好的视野。同时，巴士上为每个座椅配备了电源插座、免费 Wi-Fi、三点安全带、全球定位系统以及警报系统（在双层巴士遇到较低立交桥时发出警报）等保障系统。“这些巴士就是我们品牌得以发展的一大驱动因素，”莫泽说道，“它们很酷，就像欧洲的巴士，环保又经济。它们是行驶的广告牌，绝对引人注目。看到它们就感觉路上没有其他巴士了。它们是我们最好的宣传方式。”

其次是售票系统。还有什么比像《午夜牛仔》中那个悲伤的角色或《法律与秩序》中的逃犯一样，在脏兮兮的车站排队买票更落伍的呢？超级巴士有一个完美的在线订票系统，该系统是以行业中第一批收益管理软件为基础创建的。每条线路的票价以 1 美元起售（必须要提早预订），随着乘客人数增多以及出发日期的临近，票价会上涨（公司的吉祥物，是每辆巴士车身上都有的胖乎乎的司机的漫画形象，他的绰号是“1 美元”。）没有纸质车票（预约信息直接发送至乘客的手机或邮箱），所有座位都在乘客上车前确定好了（有些巴士尽可能多卖票，让每个人都挤上车）。超级巴士还提供特别座位（乘客支付额外费用可预订前排或顶层的座位），很快将推出含餐食的卧铺票。

最后是品牌个性。相对于传统的公共交通行业，超级巴士在社交媒体中是一种相当前沿的存在。它在二十几岁的年轻人中非常流行，乘客们在车上上网，并在最喜爱的社交媒体上发布动态和照片。不论是乘车参加大型比赛的大学生、前往大城市旅行的单身女性，还是遇到突发问题的人们，都会选择在社交平台发布信息。超级巴士的脸书粉丝数是行业巨头灰狗巴士的 6 倍之多。它的电子邮箱数据库中有超过 100 万个地址。

“感谢美国的大学生，他们是最早接受超级巴士的人，”自 2006 年超级巴士成立以来就一直担任市场部副总裁的麦克·阿尔维奇说道，“他们享用我们提供的服务，然后告诉亲朋好友。因为巴士上有 Wi-Fi，所以他们在乘车时就可以进行宣传。我们的客户与我们在脸书、推特和汤博乐上互动。从一开始这就是一个可以形成病毒式传播的品牌。”

初期，为了获得第一批用户，超级巴士在全美大学校园内组织了一场草根营销活动，参与者都是学生代表。他们在各种演唱会、橄榄球比赛和美食节上挥动有超级巴士标识的旗。如今，学生和年轻白领是超级巴士的三个主要客户群体之一。事实上，超级巴士有能力吸引其他用户群体。（莫泽说：“我们正在吸引新的乘客，研究不同的用户画像。”）

第二大客户群体是单身女性，她们看演出或周末外出时不喜欢开车。超级巴士在很多城市的市中心都有自己的上下客点，而不是停在那些仍然安全堪忧的偏远的公交车站。单身女性尤其喜欢这一点。超级巴士的第三类支持者是被称为“银发冲浪族”的老年人，他们热爱讨价还价胜过旅行本身。这群人倾向于提前购买价格优惠的车票，在年轻人上学或上班期间旅行（主要是工作日）。“我们不只是提供一种交通方式，”阿尔维奇说道，“从某种程度而言，我们是一个充满激情的品牌。我们让客户做他们喜欢做的事。”

有时候，激情不仅仅是一种比喻。阿尔维奇最喜欢的乘客故事之一，来自一个经常搭乘超级巴士往返于纽约和巴尔的摩之间的男孩，名叫阿维·穆勒，他的女朋友尼娜·拉泽罗住在巴尔的摩。有一天，他决定在巴士上求婚。他认为巴士是他与女朋友感情的“生命线”。因此，在一个星期五，在超级巴士的帮助下，阿维和毫无察觉的尼娜在纽约跳上了一辆载满家人和朋友的巴士。阿维求婚，尼娜答应了，整辆巴士都沸腾了。这个过程被拍了下来。纽约市各电视台争相报道这场感人的求婚，《赫芬顿邮报》也报道了这个充满爱的故事，称其为“超级巴士上的天作之合”。对阿尔维奇而言，这简直就是上天赐予的营销机会。超级巴士随即在脸书上发起了一场名为“超级爱情”的活动，邀请乘客们分享自己的“异地恋故事”。

很快，超级巴士悄悄成了行业革新的推动力，成为迫使灰狗巴士和铁路公司等行业中的老派公司提高自身能力并进行革新的一股清流。当然，这也为超级巴士带来了盈利。超级巴士的故事是白手起家的典范，一群局外人看到了发展全新业务的机会。他们勇于挑战现存的行业体系，在车库中孵化出了这种（适合该行业的）新颖的业务。

然而，超级巴士并非由局外人所开创，也不是一家真正意义上的初创公司。事实上，它是全世界最大的运输集团之一捷达集团旗下的一个年轻的、灵活的、不断进步的业务单元，是一家市值数十亿美元的大公司旗下的新面孔。捷达集团总部位于苏格兰珀斯，年收益达 45 亿美元，在英国和北美拥有 35 000 名员工。这些员工负责 13 000 辆巴士和火车，每天接载上百万乘客，提供爱尔兰都柏林、英国格拉斯哥、美国泽西城和法国巴约讷等地的本地服务以及观光旅行和包车业务。这些业务单元都有自己的历史、技术、客户群和人才库。但没有一个业务单元有超级巴士这样的策略或品牌敏感度。

是什么让新公司的出现变得格外引人注目和令人惊喜？就像达美航空和联合航空这些强大的航空公司在某种程度上促使捷蓝航空和西南航空出现一样，这些“挑战者品牌”改变了客户的预期并重写了行业规则。事实上，在捷蓝航空和西南航空出现之后，达美航空和联合航空确实尝试复制过这些新兴航空公司的做法，但结果令人沮丧。达美航空于2003年4月推出的歌诗航空，明显是捷蓝航空的仿版，这部分业务勉强维持了5年。联合航空于2004年2月推出的泰德航空则是西南航空的翻版，毫无创造性。泰德航空坚持经营的时间和歌诗航空差不多。这些表现平平的尝试很快成为美国有线电视新闻网、音乐电视网和其他失败案例分析中的故事。达美航空和联合航空以一成不变的方式经营，这种经营方式令他们没有勇气尝试做不同的事，即使更年轻、更快速发展的公司给出了成功创新的案例，它们也无法像新兴公司那样做出承诺：低价优质、灵活高效、简洁乐观。

为什么捷达集团的超级巴士可以成功，达美航空和联合航空模仿新兴品牌的做法却惨遭厄运？大型集团的领导者如何借助现有业务的力量为新业务服务？不是依靠流行语，也不是依靠那些经过预算评估、委员会审查和投资回报率测算的创新计划。在巴雷特看来，超级巴士的巨大成功是一系列打破常规的行为成就的，没有一项行动需要大量的投资，需要的只是管理者们在“怀疑、质疑、探究”自己的计划的同时“满怀信心地行动”。

“我记得我们决定提供这种怪异的新服务的那天。”公司创立初期的董事长拜优妮·张伯伦笑着说，当时超级巴士准备运行第一条线路：苏格兰珀斯—爱丁堡—格拉斯哥。“我们只有6周准备时间。我们需要以收益管理软件为基础创建一个网站，要告诉司机线路，同时还要完成日常工作。我们想要颠覆市场，看看会发生什么。”

2004 年，捷达集团关闭了在中国的一个业务单元，带回一批双层巴士。当时，被称为欧洲版西南航空的瑞安航空风头正劲，一度登上新闻头条。捷达集团联合创始人兼主席布莱恩 · 苏特爵士决定用这批巴士试试看：他和同事们是否能够创造出低成本直飞航线的陆地版本，从而开辟一个前所未有的市场。

正如他们所说的，剩下的就是超级巴士的成功史了。超级巴士在苏格兰迅速发展，然后在英国其他地区推出，最后跨越大西洋来到美国芝加哥。（公司在英国的吉祥物，即 1 美元的前身，叫作“1 英镑”。）这种闪电般的起步甚至让其最忠实的支持者们都吃了一惊。“我们花了 1.4 万英镑做网站，”张伯伦边笑边说道，“最初的那批车是完全贬值的、运营成本很便宜的老式双层巴士。我们并没有期望可以做得多么好，我们只是想尝试一下，但意外的事情就是发展得非常快。超级巴士从一个很小的创意开始，通过紧密了解用户需求，俨然成了公司业务中非常重要的一部分。”

我不需要去英国拜访张伯伦，尽管她浓重的口音让我感觉亲切，甚至觉得我们应该去酒吧里喝一杯。她在美国新泽西州的帕拉默斯办公，任超级巴士的运营总监。捷达集团在美国拥有 5 000 名员工。阿尔维奇曾兼任美国长途汽车公司和超级巴士公司的市场营销总监，莫泽作为美国长途汽车公司的首席执行官的同时也主持超级巴士的工作。这三位都坚定不移地表示，公司悠久的历史和传统的运营方式并没有影响新兴品牌的成长。事实恰恰相反。他们强调，如果没有这些资深人士在该领域数十年的知识、见识和长期以来积累的解决问题的技巧，超级巴士不可能这么快速和顺利地成长。这是我遇到的大型企业中为数不多的成功案例之一。行业巨头率先追求突破，规划未来发展路线，并且基于市场和用户开展新业务。原有的业务模式没有阻碍捷达集团前进的脚步。

“我们公司已经经营了 75 年，”莫泽说道，“我们有些员工已经从事这个行业 40 年了。他们见证了行业发展的过程。如果超级巴士是一个全新的创业公司，它的发展将非常困难。我们需要建立基础设施、维修工厂和安全保障系统，从头开始将使我们耗费多于现在三四倍的时间。这是终极版的‘精益创业’，即使它是大企业的一部分。”

“我们都有一些重要的事情要做”——对自我重塑的终生追求

近 30 年前，在美国亚利桑那州凤凰城的一场重要聚会中，约翰·加德纳发表的演讲可能是美国商界历史上最有影响力但又鲜为业外人士所知的演讲之一，演讲文稿被全世界最重要的企业和机构的管理者复制、传阅、强调和讨论。加德纳于 2002 年去世，享年 89 岁。他是一位传奇的公共知识分子和城市改革者，也是斯坦福大学教授。他在林登·约翰逊总统任期内创立了“伟大社会”项目，也是公共事业部首任主席和独立部的创建人之一。（我在前言中引用了他对“坚韧的乐观主义”的赞美。）

1990年11月10日，加德纳在麦肯锡公司的会议上发表演讲。该咨询公司为世界最富有、最强大的企业提供建议，积聚了很多财富。但加德纳那天的演讲重点既不是金钱也不是权力，而是所谓的“自我重塑”。自我重塑是希望在快速变化的世界中保持高效的领导者的紧急需求，他们愿意始终投身于学习和成长中。为了让听众明白自己的用意，加德纳提前就写好了文稿，“因为我要让每一句话都击中要害”。

他演讲的中心内容围绕这样一个问题：为什么有的人会退步，而有的人可以一生都充满活力。他的疑惑伴随着一个警告：“我们必须要面对这样的事实，职场里的大部分男性和女性都比他们自己所知道的还要陈腐，比他们所意识到的还要无聊。乏味是大型机构的隐疾。有人会问‘工作那么忙，我为什么还觉得无聊乏味’，我说‘让我细数端详’。看看你的周围。有多少你非常了解的人，甚至比你年轻的人，会被固有的态度和习惯所束缚？”

那么，无聊的反面是什么？什么能让你摆脱固有的态度和习惯？是让人们保持学习和成长的兴趣。“没有什么比野心更狭隘，”加德纳对这些野心勃勃的战略家说道，“野心最终会被耗尽，但是兴趣却可以伴你终生。”然后他为在座的才华横溢的领导者们推荐了一句座右铭。“保持兴趣，”他激励他们说，“每个人都想变得有趣，但是必须要对充满活力的事情保持兴趣。保持好奇心，发现新生事物。”[4]

写到这里，我想不到想象力行动中还能总结出什么更好的经验，或是更好的座右铭来指引领导者的工作。罗伯特·温纳特和他在迈阿密海滩的合作者，罗莎娜·哈格蒂和她在“10 万家运动”中的同盟者，戴尔·莫泽和他在超级巴士的同事们，他们都对未来有兴趣、有好奇心，并且愿意超越过去的成就去开辟新天地。他们对一座城市、一份事业、一种交通方式的重塑，准确地说，都是被加德纳演讲中提到的“自我重塑”激发的，但还有太多领域的成功人士不理解“自我重塑”的意义。除了加德纳警示过的关于无聊的一个相对文雅的术语——阻碍学习和成长的“一成不变的态度和习惯”外，到底什么是专业知识悖论？

我认识的大部分富有创造力的领导者不仅是勇敢的思考者，也是最不容易满足的学习者。他们与个性不太相似的合作伙伴一起工作（奥运会场馆的设计师设计停车场），用不同寻常的方法来解决问题（将作战经验用于社会服务中），借鉴新业务模式（将低成本航空公司的经营理念应用于公共交通行业）。这需要真正的使命感，尤其是当领导者到达一定的位置，拥有权力且背负责任后，更要迫使自己进行自我提升和学习，对当初成就他们事业的想法和假设提出质疑。这就是与时俱进的领导者需要具备的特质。他们很有趣，也会对身边的事物保持兴趣，伟大的创意也好，小小的惊喜也罢，使命感驱使他们对能给企业带来生命力的一切事物都感兴趣。

几年前，可能是我认识的人中兴趣最广泛（也是最有趣）的广告人罗伊·斯彭斯写了一本关于如何取得成功的书——《生命中 10 个最必要的拥抱》。在他睿智而又恳切的建议中（“拥抱失败”“拥抱恐惧”“拥抱自己”)，有一条是先拥抱自己，寻找新的灵感：拜访一家你不太了解的实验室，参加一场你本不该到场的会议，接触一些不同行业的人。“当你还是孩子时，”他在书中说道，“每天都充满了第一次，充满了全新的体验。随着年纪渐长，你的第一次体验变得越来越少。如果你想保持年轻，你必须坚持尝试新事物。”[5]

斯彭斯称，吉姆·柯林斯是自己的灵感管理导师之一。柯林斯是斯坦福大学的教授，他从知识渊博的同事约翰·加德纳那里寻求意见和建议。斯彭斯从柯林斯那里学到了什么（间接从加德纳那里学到了什么）？“只有不断尝试新事物，你才会变得年轻，”他写道，“它取决于你每天和每周‘第一次’体验的次数。”

WD－40 公司的总裁和首席执行官加里·里奇创建了完整的企业文化和独特的领导风格，为加德纳（和斯彭斯）深感忧虑的问题提供答案。最初的 WD－40 公司看上去像一家乏味的公司，不愿意接受与领导力和学习相关的意义深远的事物，但里奇和同事们为维持探索的热情做了巨大努力。他们专注于产品和目标，致力于让公司和品牌更有吸引力。

结果说明了一切。1997 年，在里奇接管 WD－40 公司时，WD－40 公司还是一家“一招鲜吃遍天”的公司，它的主打产品是美国 DIY（自己动手制作）精神的象征，深受人们喜爱。但这时的 WD－40 绝不是一个充满活力、令人兴奋的公司。知名的蓝黄相间的易拉罐内装着多用途防锈剂，这种防锈剂研发于 1953 年，专门用于防止阿特拉斯核导弹的金属外壳受到腐蚀。研发它的化学家经过 40

次实验才得到完美的防锈配方（产品也因此取名为 WD-40）。化学家得到完美配方后，他发现这个产品的应用不限于美苏的军备竞赛。在实验室取得这一突破性进展的 5 年后，公司开始向大众销售绝密配方的喷雾剂，产品销量迅速飙升。公司于 1973 年 IPO（首次公开募股）。截至 20 世纪 90 年代初，每 5 个美国家庭中就有 4 个家庭使用 WD-40 的产品，全美几乎每座矿井、每家工厂和每个建筑工地都在使用 WD-40 的产品。

然而，WD-40 的名声限制了它的发展。里奇接管公司后不久，《巴伦周刊》就发表了一篇名为“WD-40 的风靡”的深度报道，文中控诉“该公司及其股票”已经“长时间处于停滞状态了”。WD-40 公司如此成功，但发展前景却如此不乐观。文章评论说，公司将几乎 100% 的收益作为股息发放给股东。“WD-40 是一款风靡的产品”，《巴伦周刊》明确表示，但“它的股票价值并不被看好。让 WD-40 成功的根本原因注定令它走向最终的失败”。

这就是公司新上任的首席执行官里奇着手丰富产品组合、加强与客户的联系、拓宽业务版块的原因所在。他告诉每一位愿意倾听的人，公司的业务不只是生产防锈剂或多用途润滑剂，而是“要带给人们积极向上的永恒回忆，为全世界的维修厂、工厂和家庭解决问题”。公司的产品不再只有清洁和防腐蚀的作用，他坚称，公司旨在帮助全世界解决“噪声、异味和污垢”的问题，让人们的生活更愉悦、工作更简单。

“我们的产品要让使用它的人成为英雄！”他大声说道，“当你的发动机引擎吱吱作响，你的家人都在崩溃的临界点上时，如果你解决了这个问题，每个人都会爱你。我们是解决问题的专家和回忆的创造者。很多地方的问题等着我们去解决。”[6]

“只有不断尝试新事物，你才会变得年轻，它取决于你每天和每周‘第一次’体验的次数。”

对战略目标的自信，再加上醒目的包装和高明的营销，WD－40公司走向了第二次成长和繁荣，变成了一个充满激情的全球化品牌。如今，WD－40的产品在13家工厂生产，在全世界176个国家和地区均有销售。公司收购了一系列新品牌（三合一润滑油、Lava手部清洁剂、强力地毯清洁剂、X-14浴室清洁剂），这一举措丰富了WD－40的产品组合，共同对抗噪声、异味和污垢的问题。公司针对有特殊需求的专业客户推出了一系列WD－40“专家级”产品。现在几乎每个主要国家都有WD－40粉丝俱乐部，用户和工厂技术人员会在线下碰面或在线分享故事、交流想法。

总结来说，WD－40公司和其产品就是一台润滑良好的机器。里奇成为首席执行官时，公司收入的20%来自美国之外的其他国家和地区，如今，该数字攀升到65%。仅在欧洲的收入就超过了此前公司的全球总收入。2009年以来，公司股价涨了近3倍，市值首次超过10亿美元。（截至2015年底，WD－40的股价接近每股100美元，市值接近15亿美元，这是该品牌前所未有的成绩。）“我们释放了盾牌的力量，”提及 WD-40 经典产品的外观，里奇说道，“我们所生产的蓝黄相间的罐子加上红色的盖子的产品，不应该仅占公司所有收入的一半。中国还有很多机器嘎吱作响，俄罗斯也有很多机器生锈的情况。我们还是靠着这‘一招鲜’，但是我们对‘招’有了不同的定义。”

毫无疑问，里奇让 WD-40 公司变得更有趣。他要求自己和同事更关注公司、产品和品牌的未来。里奇彻底颠覆了企业文化，重新定义了公司领导层的工作，甚至开创了一种全新的表达方式，重视学习、尝试和即兴发挥——将陈腐而孤立的业务变成了灵活而开放的业务。“我们真正的成长机遇就是人们对消除噪声和异味的渴望。但是人们很怕跳出原来的角色。害怕失败是人类最大的恐惧，我们需要从失败走向自由。”

里奇最有远见的一项举措，是让高管们从他们的日常职责中脱离出来，组成“明日小组”。“明日小组”的任务就是制订长期计划（10~15 年以后）、确定短期计划（3~5 年），然后弄明白公司需要获得什么技术、进行哪些测试、提升哪些技能，从而对现有产品进行重塑，设计出全新的商业路线。这不是普通的创新项目组，也不是那种建议生产新口味馅饼的委员会。这个小组里的成员是具有战略、市场营销、金融和研发背景的管理者。“明日小组”的成员随着时间的推移而变化，但是这个小组一直维持了 10 年。其间推出了一系列的产品、品牌和商业策略，规划了 WD-40 未来的发展前景。

“整个过程特别成功。”格雷厄姆·米尔纳说道，他在 2002 年被选中加入“明日小组”之前，在 WD－40 公司负责运营工作，表现卓越。米尔纳现在负责独立经营 WD－40 自行车公司，该公司旨在为自行车爱好者提供一系列的产品（链条润滑剂、泡沫清洁剂、车架保养），业务覆盖 15 个国家。WD－40 自行车公司只是“明日小组”提出的众多想法之一。该小组还提出了正在快速成长的 WD－40“专家级”产品线，以及 WD－40 交付系统的更新（取名为“智能吸管”的产品非常迎合客户的需求）。“我们的工作是，每天醒来就思考未来新的创收点，”米尔纳说道，“如果我们在思考的同时还需要负责日常工作的话，这绝不可能实现。”

里奇于 2012 年 1 月解散了“明日小组”，因为他认为对未来的思考需要每一位员工的参与。“如果我们想要为客户制造积极向上的永恒回忆，我们也必须这样对待同事，”他解释道，“有很多人从派对离开的原因是由于没有归属感。人们都希望成为让他们拥有归属感和满足感的环境中的一分子。我们不仅仅是一家公司，我们是一个部落，这个部落重视有意义的工作——对我们、我们的客户乃至整个世界都有意义的工作。在这样的条件下，有才华的人们能够做出伟大的事。”

里奇喜欢引用部落的语言和精神来实现他所要建立的身份认同感和相互学习的目标。[这也是摩擦学（tribology）的灵巧转换，我学到这个单词的时候也觉得意外，它是研究摩擦和润滑的专业术语。] 公司“部落”生活中最重要的活动就是里奇所称的“学习时刻”，这个阶段包括挫败、灵感进发、通过合作实现突破性进展、发掘机遇，或是在失败的项目中吸取教训，不畏惧报复地讲述自己学到了什么。他坚信这个理念，所以一直保留着自己的网站 The Learning Moment，用来与其他公司的管理者分享资源和看法。

“‘学习时刻’可以积极也可以消极，但学习永远不会错，为了大家的利益，可以把它们分享出来，”他说道，“我希望人们都有好奇心，希望人们喜欢提出问题和把握机会。我的工作就是打造一家学习型的公司。我喜欢问员工和自己，‘你上一次创造是什么时候？’”

里奇甚至坚持公司的每一名员工必须宣读 WD－40 狂人誓言，用他的话来说，就是庄重地宣誓成为“学习狂人”。（在这个充满活力的澳大利亚人最喜欢的词中，“狂人”仅次于“伟大”。）“我负责采取行动、提出问题、找到答案和制定决策，我不会等别人来告诉我该怎么做。如果我想知道，我就会问。我没有权利为自己辩解为什么我没能‘更快地搞清楚’。如果我正在做的事情应该被大家知道，我就会告诉他们。”

之后，里奇提出了一种将领导者思维转变为学习型思维的倡议，里奇相信，通过他和同事们的共同努力，能够让 WD－40 公司不断改变。为了强调他个人对这个倡议的坚持，他在任何时候回复电子邮件，都会附上“Ancora Imparo”的电子签名，这句意大利语的意思是“我仍在学习”。这位首席执行官说，这是大艺术家米开朗琪罗最喜欢的一句话，他的很多作品上都附有这句话。（如果是里奇先发出邮件，他会附上这样的电子签名：“我们都有重要的事情要做。”

这是另一句他喜欢的话。）

“这是我生命中最重要的学习时刻之一，”里奇说道，“在这个环境中，我对‘不知道’这三个神奇的字感到舒服。当我了解到我们在世界各地的员工都会说‘我刚经历了一个学习时刻’，并与他人分享‘我刚经历了一个学习时刻’的时候，这感觉真是太好了。员工们知道自己有权去了解一些他们需要知道的事情。我的梦想就是让这里成为企业的领导力和业务学习实验室。”

03

友善和聪明一样重要

在一个充斥着轻率的观念和颠覆性技术的时代，
一些简单的沟通和善意的举动，
就能发挥特别重要的作用。

第五章

友善不是生产力的敌人

“人们理应得到人道的对待”

感恩节的前几天，我从未打算过要在离家数千英里的地方度过，吃驯鹿肉和阿拉斯加邓杰内斯蟹，适应一天中日照时间少于 7 小时的生活。但我还是来到了安克雷奇，完成我为写作这本书而安排的最后阶段的调研。我来到这里是为了调研南中心基金会。我急于了解他们的领导策略、管理实践和关于服务的课程，因为这里发生的一切几乎可以被视为一种医学奇迹。不是突然发现了癌症治愈方法或令人激动的新外科技术，而是在功能失调和衰退的医疗体系中进行从上到下的改革，使之成为就算不是全世界范围内，至少也是全美范围内最有前景、进步最快的医疗体系之一。

南中心基金会是一个非营利性医疗保健组织，运营着安克雷奇本地的初级保健中心，管理着一家有 150 张床位的阿拉斯加本地医疗中心，还运营着一系列专业项目和设施。它服务的区域比得克萨斯州还大，覆盖了从阿拉斯加最大的城市到只有坐船或搭乘飞机才能到达的阿留申群岛的村落，共约27万平方千米。该基金会为约6.5万阿拉斯加本地人和印第安人提供保健服务——在这个庞大且贫穷的群体中，酗酒、糖尿病、肥胖和自杀的比例非常高，他们数代以来都被这些问题所困扰。

在过去那段艰难的岁月里，当地的医疗系统由印第安人健康服务署掌控。患者通常要等上几个星期才能约到医生进行基础护理，即使是小病也要在拥挤的急诊室里等上几个小时，还要忍受医生居高临下、野蛮甚至是粗暴残忍的态度。印第安人健康服务署始建于1953年，最初是一家肺结核疗养院。几十年后，该署虽然逐步提供各种医疗服务，设立不同的科室，却从未改变成立之初的那种冷漠的态度。从许多方面来看，当时的状况可能都是世界上最糟糕的——美国医疗系统费用高昂，遥远的联邦政府未施以任何援手，病患对医疗服务有迫切需求。

如今，在南中心基金会运营的Nuka（nuka在阿拉斯加土著语言中意为“大型生物”）医疗护理系统下，一切都变得不同了。这个系统由阿拉斯加本地人自己掌控和运营。近55%的员工、95%的后勤支撑人员和超过60%的管理者都是阿拉斯加本地人，其中包括许多高级管理人员。这里设施完备，充满温情，这里的设计也贴近受众人群的文化和审美。这里有专门用于传统治疗的空间，也有“谈话室”，人们可以在“谈话室”中与医生、护士交谈，不必拘束。急诊室主要处理紧急状况，而不再是充满细菌的常规疾病的“中转站”。

即便按照其他行业的服务标准来衡量，这里的服务响应速度也是非常迅速的。在基础护理预约方面，系统确保患者可以在预约当天就诊。即使患者下午 4 点才预约，只要他们能在 4 点半之前赶到医院，就可以保证在当天就医，而且平均候诊时间不超过 20 分钟。难怪这里的员工满意度通常达到 90%、患者满意度高达 96.9%。2011 年，南中心基金会获得了布里奇奖，它是首家获得该奖项的非医院医疗保健组织，这个奖项是对其显著进步的肯定。

最值得注意、最重要的是，它使得医疗条件在全美垫底的阿拉斯加一跃成为美国医疗水平较高的地区，对于哮喘、糖尿病和婴儿死亡率等难以解决的问题，也处理得很好。举例来说，几十年前，阿拉斯加的婴儿死亡率（出生28天即死亡）是全美最高的。而现在，阿拉斯加是全美婴儿死亡率控制得最好的地区之一，这确实是显著的转变。同时，该地区糖尿病患者对血糖的控制也排在全美最佳标准的 10% 之内。儿童哮喘患者接受高品质医疗服务的比例从 35% 上升至 85%，哮喘患者的住院率从 10% 下降到不足 3%。

Nuka 的领导层宣布，他们对成功的新定义是“打造一个身体、心理、情感和精神全面健康的本地社区”。他们说，他们的终极目标是“打造一个因健康而闻名的本地社区”。这与该社区以往的声名相去甚远，也与印第安人健康服务署负责运营时追求的目标有着天壤之别。

所有一切都说明了为什么我不是第一个造访这里的人。在过去几年里，来自苏格兰、新加坡和新西兰的医院领导和公共卫生官员不远万里来到安克雷奇，就是想亲眼看看这里的变化并学习借鉴。

2015 年，哈佛大学医学院发表了一篇案例研究，分析了这次转变背后的战略和战术。2011 年，医疗改善研究所创始人、全世界改革权威专家之一唐纳德·贝里克来到阿拉斯加，他称这个体系是“全美乃至全世界医疗改革的样本。这是一块非凡的瑰宝，它是美国医疗改革的榜样”。《纽约时报》也认同这种说法，在以“医疗未来”为主题的周日版整版报道了阿拉斯加医疗改革取得的“惊人的成果”，指出其“非凡的成效”和这次成功对其他体系改革的“巨大鼓舞”。[1]

南中心基金会首席执行官凯瑟琳·戈特利布自 1991 年开始就一直在推动这一变革。因此，当我坐在她面前的时候，我的脑海中充满了关于战略和领导力的问题。（她曾于 2004 年荣获麦克阿瑟奖，是阿拉斯加第一个获此殊荣的人，这个奖项是对她作为变革推动者的嘉奖。）她和同事们是如何排除万难，实现如此高质量、高度一致、高承载量的服务的？这个社区是如何实现如此巨大的进步的？作为首席执行官，她认为在招募盟友加入自己的改革计划时，什么才是最有效的技巧？

戈特利布向我保证，她和她的同事会回答我的所有问题。（他们成立了 Nuka 学院，与来自世界各地的组织分享经验教训，所以几乎准备好了所有问题的答案，而且通常都会附带具体统计数据和演示文稿。）但她说，她希望“先坐下来讲讲各自的故事，让她了解一下我们要谈些什么”。所以我们先聊到了我的妻子和孩子、我的家乡以及我的工作经历。“当你坐在这里的时候，”她说，“你想的是工作还是你的家人？”我们谈到了我和他人联合创立《快公司》的原因，我觉得写作难不难（不要让我开始这个话题），为什么会对阿拉斯加的医疗服务感兴趣。

然后戈特利布讲了她的故事，比我以前采访过的任何首席执行官都更真挚、更感性。她出生于阿拉斯加奥尔德港科迪亚克岛上的一个小村庄，父亲是菲律宾人，母亲是阿留申人。她童年的时候在西雅图住过一段时间，然后搬到了荷马西南部的渔村塞尔多维亚。她的父母一共养育了12个孩子，她是整个家族里第一个大学生。她有6个孩子、28个孙子女和4个重孙。1987年，她开始在基金会工作，当时这个机构共有24名工作人员。她告诉招聘人员她想做首席执行官："他们笑着说，'我们有个完美的工作要交给你——接待员。'"所以，她就从接待员开始做起，4年后成为主管，开始负责管理这个机构。（南中心基金会现有员工超过1 750人。）

"我的经验源于在小型社区工作、抚养孩子以及离开农村搬到安克雷奇的经历，"她告诉我说，"无论我在哪里，我都希望可以改变我能改变的一切，让周围变得更美好。所以我才如此在意这里发生的事。我希望这个机构可以持续地发展下去，一直造福我们的子孙后代。"

这是一种独特而又令人意想不到的交流方式，所以我问戈特利布为什么她觉得有必要了解彼此的生活。"如果我不了解你，你也不了解我，我们怎么能真正交流呢？我们这里所做的大多数工作都需要人们愿意分享自己的故事，敞开心扉地谈论自己是谁，来自哪里。"

她强调，要想身体健康，就要有强烈的个体和群体认同感。“要对自己的身份感到自豪，要以我们身为阿拉斯加人拥有这个系统和医院而感到自豪，”她告诉我说，“曾经的医疗系统把我们视为数字，好像我们不值得拥有更好的环境。墙壁裂开了，医院里满是臭味，病人要在急诊室等上好几个小时，还会被过度劳累和沮丧的医生责骂。所以我意识到我要改变这一切，但最重要的是，我们知道，人应该得到人应有的待遇。”

到访南中心基金会的其他医院的管理者，都会情不自禁地关注它在业绩和效率方面的惊人进步——这是任何大城市的医疗机构都会羡慕的。近年来，每千位患者的急诊次数下降了 50% 以上；住院人数下降了 40% 以上；专家号的使用率下降了 60% 以上；初级保健医生的使用率下降了 30% 以上。每年的员工流动率从 26% 以上降至 11%。这是令人印象深刻的成本控制：尽管这个机构增加了 7% 的服务人员，但总成本只增加了 2%。

到访南中心基金会的公共卫生官员，都会忍不住关注该地区在健康和福利方面取得的巨大进步。这里的儿童疫苗接种率超过了 93%，高于美国其他 49 个州的许多地区，甚至包括纽约和洛杉矶一些高档居住区。鉴于这里许多孩子都住在偏远的村庄，这个数字尤其令人印象深刻。当地剖宫产比例为 11.5%，是全美平均值的 1/3，这也是一个惊人的数字，因为这里的许多母亲都经历过高风险妊娠。这里的防止胎儿酒精综合征（被称为“Dena A Coy”的住院治疗计划）、青少年心理健康问题（“回家之路”计划），以及家庭暴力、儿童性虐待和忽视儿童（“家庭健康卫士”倡议）等项目，也都已经成为各自领域的榜样。

我把注意力放在了南中心基金会做过的一些更平常、更专业的事情上。当然，关于门诊大楼的设计和不同于传统医院的运营模式，戈特利布和她的同事想出的策略是巨大的突破，任何变革者都可以从中受到启发。说到控制成本和改善成果，戈特利布掌握了合作博弈的公式，这是很多企业组织都想要实现的。为什么他们的工作如此引人注目、如此具有借鉴意义？因为他们意识到，即使是执行得最好的最聪明的想法，依然会有局限性。南中心基金会的领导者明白，只有团队中的每一个人都对这里有身份认同感，都像关心官方政策和流程一样关心自己的职责，这个系统才能持续地运行下去，系统所服务的人群才会“因健康而闻名”。他们的挑战不仅是购买昂贵的仪器，处理现代医学中让人恼火的问题，而且是发现和解决人类行为的无穷奥秘。

“他们真的是先行者。”研究员兼顾问科里·塞万说，她是一名执业护士，同时也是医疗保健改进研究所的主任。她将自己形容为“（南中心基金会的）粉丝和追随者”。一直以来，塞万为各种规模的医疗机构提供咨询和建议，她也十分清楚是什么让这个基金会从她合作过的诸多医疗机构中脱颖而出。“他们特别体贴，把患者当作真正的人来对待，”她说道，“他们遵循人类行为改变的规律。大多数医疗机构都以医生为中心，或追求机构利益最大化。而他们注重以人为本，认真聆听患者的价值观和文化主张，理解患者在生活中的实际困难，用患者希望得到的服务方式为他们服务，而不是采用对机构本身或对员工来说最方便的方式为患者服务。”

南中心基金会医疗服务部门副总裁道格拉斯·伊比博士自1989年加入基金会以来，一直是Nuka的核心人物，他是这样解释他们和其他机构的差异的：“现代医学深受科技革命、工业革命和流水线作业的影响。现代医学在治疗可以医治的疾病和修复受损的器官方面，效果奇迹般出色。但这部分只能解决当今社会存在的医疗问题中的1/3。我们让医疗服务贴近人们的生活。”

怎么会这样？“你过去因为这些问题去看医生，”他回答道，双手分开一小段距离，“而现在你因为这些问题去看医生，”他双手间的距离远了很多，“但我们一直以来对医疗服务中的每件事都采用同样的处理模式：多动症的病人、自闭的病人、长期超重的病人。传统的诊断、处方和治疗方案真的只能对这些病起到辅助作用，针对他们的治疗，需要我们做好其余2/3的工作。病人是否吃药、能否吃得好、是否暴饮暴食——这几乎完全由他们自己控制，不取决于我们。所以，我们的主要工作是影响病人，教他们学会对自己的健康负责，陪伴他们恢复健康。所以，我们必须要做到与众不同。”

这个“与众不同”确定了南中心基金会做每一件事的原则：从硬件设施的装修设计，到选择谁加入他们的综合护理团队，再到空前地使用所谓的行为健康顾问，并对几乎每一位员工，甚至包括牙科助理医师进行培训，使他们可以识别成瘾、抑郁或家庭暴力的信号，并立即回应。“整个机构都对心理健康问题和行为方面的问题保持警惕。”钱达·阿洛伊修斯说道。阿洛伊修斯是阿拉斯加本地人，和戈特利布一样，也是从接待员开始做起，现在担任行为服务事务副总裁。阿洛伊修斯预计该机构服务的 65 000 名患者中，有 50% 的人“在有生之年将会有一次可诊断的行为健康事件”。

南中心基金会以人为本的理念促使他们发明了用于描述其服务对象的语言。这不是轻巧地随口一说，南中心基金会的每一位员工都将服务对象称为客户–所有者而不是患者，并希望患者（不好意思，是客户–所有者）以同样的方式称呼自己。在安克雷奇，我与他们的经理和员工进行了多次访谈和会议，我希望有人可以用患者这个词，只是希望讨论更方便，或者说令表达更加口语化。可惜这是不可能的。

为什么要承诺使用这样一个让人有些尴尬的词呢？这是为了让每个客户–所有者提高对这个体系的要求——以及对他们自己的要求——关心他们期待受到怎样的照顾以及他们期望过上什么样的生活。“我们希望人们主宰自己的健康，”戈特利布说道，“我们不想成为拯救别人的英雄。我们希望客户–所有者可以说，‘我对自己的健康和康复负责，而你是我的首席顾问’。”

她指出，这种负责任的态度也适用于基金会本身，显然阿拉斯加本地人现在拥有和运营着这样一个机构。几十年来，用她的话来说，“曾经的我们被当成牲口对待”。当《纽约时报》那篇著名的社论将聚光灯对准 Nuka 时，戈特利布对此非常开心。不过，她不是为了出风头（她是我认识的最不喜欢出风头的首席执行官之一），她只是为了确保基金会的客户-所有者可以认识到目前取得的成就，明确他们未来的职责。“你们都在梦想蓝图上，”她这样告诉客户-所有者，“世界各地的人们前来学习你们的模式，你们正在改变全球的医疗服务系统。”她补充道，所有这些进步都伴随着一个挑战：“你们要对自己的健康负责，不能依赖医生来帮你们痊愈。同时你们也要对 Nuka 负责。你们拥有它！因此，如果你有什么不满意，就去改变它！”

“用大爱做小事”——友善为什么如此之难？

正如我在本书中指出的，大部分企业文化都痴迷于追求远大的目标、打破常规的创新和独一无二的变革策略——这种前沿的、激动人心的事例会激发人们的竞争意识，让人们重新思考自己的优势，也（很可能）让人有把这本书继续读下去的欲望。但有时候，最简单的故事却能够教会我们关于成功、领导力和生活的最重要的东西——尤其当这些故事提醒我们，创造力和生产力的提升永远不应该以牺牲同理心为代价。诚然，这个世界充斥着巨大的不确定性，从社会环境的动荡到气候本身令人不安的变化。全球经济正经历着一场深刻的变革，从财富的不可持续到计算机和通信技术带来的猛烈冲击。但越是处于这样的动荡时期，我们越要格外关注人与人之间的联系。“不是所有的人都能做大事，”特蕾莎修女曾经说，“但我们能用大爱来做一些小事。”

我们来看看下面这个温暖人心的故事：关于一位年轻人和他病

重的祖母以及一碗汤的感人故事，这个故事讲述了服务、品牌的未来，以及商业中人性化的一面——胸怀大爱做小事。《广告周刊》是这样讲述这个故事的。来自新罕布什尔州威尔顿的布兰登·库克去医院探望他的祖母。他的祖母身患癌症，经历着一轮又一轮的治疗，她向孙子诉苦说，自己非常想喝汤，但医院里的汤令人难以下咽。她的愿望是喝一碗她最爱的帕内拉面包连锁店的奶油牡蛎汤，但帕内拉只在星期五出售奶油牡蛎汤。我猜想这是新英格兰地区老派天主教的星期五无肉日留下的传统。布兰登打电话给离他最近的帕内拉，向一位名叫苏珊娜·福捷的店经理讲述了自己的困境。问题解决了：苏珊娜和同事不仅为布兰登的祖母特别烹制了新鲜的奶油牡蛎汤，还赠送了一盒饼干，祝愿布兰登的祖母早日康复。

这只是一个简单的、友好的举动，通常不会成为头条新闻。不过，布兰登在他的脸书上记录了这个故事，他的母亲盖尔·库克（经过一些修改后）将文字发到了帕内拉的脸书上。这不是特别深刻或者特别有诗意的文字，只是简短回顾了当时的情况（“我的祖母身患癌症，时日不多……”），描述了苏珊娜和同事们的举动（“她毫不犹豫地答应为祖母烹制奶油牡蛎汤……”），以及真诚地表示了感谢（“这对大部分人来说不算什么，但对我的祖母而言意义非凡……”）。

其余的，用他们的话说，就是社交媒体的效应了。盖尔在帕内拉的脸书主页发的帖子得到了近 81 万个“赞”和超过 35 000 条评论——这些网友的互动是对布兰登的祖母的祝福，同时也是对苏珊娜及其同事的认可。与此同时，作为过去 15 年里最伟大的零售成长股之一，帕内拉获得了再多广告也买不到的东西。这家2000—2015年间股票上涨45倍的企业，得到了全世界客户的感谢和赞誉，人们都被一位员工自发的行为而感动。[2]

一位来自密歇根州庞蒂亚克的网友留言道："因为这个故事，今晚我们全家都在帕内拉吃饭。做得好，苏珊娜！干得漂亮，帕内拉！"来自马里兰州埃尔克顿的网友留言说："这个世界上还是有好人的。"来自宾夕法尼亚州辛金斯普林的网友表示："身处痛苦中的人需要这样的帮助。苏珊娜和帕内拉值得被祝福，也祝福布兰登和他亲爱的祖母！"

市场营销学将这个故事作为典型案例，用来说明社交媒体和线上口碑在提高公司声誉方面的作用。（包括《广告周刊》的宣传。）苏珊娜的行为引起了人们的强烈共鸣，我从中看到了不同的意义——客户、同事包括我们自己都希望与组织建立密切的联系，希望组织优待我们，希望组织能够做一些额外的小事让我们感到自己很特别。在被技术重塑的世界里，我们所热切渴望的，就是善意的小举动，它们提醒着我们生而为人的意义。确实，当新罕布什尔州一家本地新闻网站找到布兰登并采访他时，他谈到了这一善意之举给自己带来的深刻影响。"如果我的祖母知道脸书是什么，我一定会给她看的，"他打趣道，"我祖母最怕没有朋友，孤独地死去。我真希望当时可以给她看看她在脸书上有多少'朋友'，有那么多人在为她祈祷。"

其实，我对帕内拉的故事了解得越多，就越让我回想起我自己的经历，当父亲 75 岁生日时，我想送他一份特殊的生日礼物。一个恭敬、孝顺的儿子该为父亲做点什么呢？当然是给他买一辆凯迪拉克了！于是，我打电话给父亲，说他的凯迪拉克已经开了 10 年，已显现出老化迹象，然后告诉他：你去店里看看，选好车型，谈好价格，剩下的交给我。

父亲当时非常兴奋。他开着旧车到店里，试驾了新车型，选好喜欢的款式，然后开始谈价格。在谈话快结束时，他告诉店员，他收到了一张 1 000 美元的客户忠诚度抵用券，他计划在这次买车时用掉。然而，店员告诉他，抵用券已于前一天过期，也就是他看车前不到 24 小时。“但我想你们应该有办法使用这张抵用券的，”我父亲说道，“我一直都是你们的忠实客户。”店员告诉我父亲，规定就是规定。

不用说，店员出人意料的反应结束了这次对话。我父亲开车走了，他有一点困惑，但更多的是失望，他决定再看看，不是去其他的凯迪拉克经销商那里，而是决定再看看其他品牌。一周后，他开车经过一家别克经销商店，决定进去看看。一辆别克君越吸引了他的注意，他开始与店员沟通。（君越居然是 65 岁及以上客户群体中超级流行的车型。谁知道呢？）他把抵用券的事告诉了店员。店员在电脑里查了下，确认这张抵用券确实过期了。“但是没问题，我们这里可以用，不管我们最后商定达成什么价格，我们都可以帮您减掉 1 000 美元。”我父亲非常感动，当即决定试驾君越。试驾后，父亲很喜欢君越的驾驶体验，他告诉店员自己今天应该早点过来，这样就可以多开一会儿了。“那您把车开回去吧，”店员说道，“星期一您把车开回来的时候我们再谈。”

这是个很棒的计划。很快到了星期一，但我父亲并没有马上去店里，而是去了医院，他的身体出了问题，需要做手术。（他最终康复了。）当他躺在病床上，想着在安静的时刻会想的所有事情时，他突然想起别克君越还在家中的车库里！于是，他从医院打电话给店员，并询问如何把车还回去。“不要担心还车的事情，”店员说道，“您能康复更重要。”第二天一早，父亲竟然收到了一束精致的花，上面还夹着贴心的问候卡片！

那么问题来了：我父亲最后买了哪个品牌的车？如果你猜的是别克君越，那么你答对了。第二个问题是：买车后的一年多，我父亲最喜欢与朋友、同事甚至遇到的每一个人谈论的话题之一是什么？如果你说，是他从别克经销商那里受到的不可思议的优待（而不是拯救他生命的医院），你又答对了。我父亲收到的鲜花又引发了一次口口相传，让市场营销人员为之嫉妒。[3]

在被技术重塑的世界里，我们所热切渴望的，就是善意的小举动，它们提醒着我们生而为人的意义。

那么真正的问题来了：为什么别克店员这样的人如此罕见，而凯迪拉克店员这样的人却如此常见？这对我而言仍是一个谜，不过差异如此明显的行为所带来的结果却可想而知。没有人会拒绝一笔划算的生意——一笔价值不菲的交易，正如我们在第一章所讨论的。但是，被我们记住、欣赏、褒奖的却是关心和善意的小举动，这些小举动让我们在21世纪的商业和现代化生活中感受到一丝温情。并不是如首都银行或林肯大道1111号那类先锋派倡导的高关注度和独一无二的组织才有意义，礼貌和体面的组织也是非常受欢迎的。

证据比比皆是。我热衷于想象这一点，就像有人坚信小举动可以释放出大能量一样。当《纽约时报》的头版报道了席卷俄罗斯的“广泛的改变趋势”时，它关注的不是更多的民主、更少的腐败或拒绝军事冒险主义。它叙述的是关于客户服务的简单理念，这是著名（其实是声名狼藉）的俄罗斯航空公司内部高度重视的问题，那就是教导空乘人员如何像人类一样与乘客沟通。让曾经被用来形容俄罗斯航空乘坐体验的“冷漠和冷酷的遭遇一去不复返”。《纽约时报》报道说，取而代之的是温暖、礼貌、握手和微笑的举动。“对一个习惯了旧式俄罗斯航空服务的地区来说，就像是经历了一场小型的天鹅绒革命”。

文中写道，空乘人员过去接受的是莫斯科大剧院的“大踏步和动作”的培训，这种训练帮助空乘人员更好地展示他们只可远观的美和无与伦比的优雅。而现在，空乘人员接受的培训重点则是沟通，建立人与人之间的互动，对那些已经对俄罗斯航空公司不抱希望的乘客表现出友好。“安娜，你只向乘客展示了香槟瓶，却什么也没说，”一位指导人员轻声地教导学员，“你要和乘客说话，你要微笑、微笑、微笑。”[4]

我发现这篇报道中有两处特别值得注意。第一，这些极其简单的提醒在俄罗斯航空公司内部产生了巨大的影响。据《纽约时报》报道，客户调查表明，该航空公司目前在东欧，包括西部航空公司及其他合作伙伴在内的航空公司中，服务排名最高。第二，正当美国和欧洲的企业文化似乎对人与人之间联系的价值产生怀疑时，俄罗斯航空的计划独树一帜。在这个竞争残酷的时代，根深蒂固的犬儒主义再加上数字化带来的颠覆，谁会在善意的小举动上下大功夫呢？这样的组织不太多，所以帕内拉贴心的经理和心地善良的别克店员的故事才会如此可贵。友善不是生产力的敌人，尽管有太多企业和企业领导者一度把友善当做敌人。

“做正确的事捕获人心”——情绪劳动的真正作用

的确，《纽约时报》关于俄罗斯航空的报道让我大吃一惊。在读这篇报道的前几个月，我被一篇嘲讽文章搞得头晕目眩。这篇文章介绍了总部位于伦敦的三明治简餐店 Pret A Manager（以下简称为 Pret）的成功，Pret 致力于培养一支活泼、开朗并面带微笑的员工队伍。（在某种程度上，Pret 就是美国的帕内拉。）我关注 Pret 已经有 15 年了，我们曾在《快公司》上发表了一篇关于这家英国连锁新贵进入美国市场的文章。2002 年，Pret 在英国有 118 家分店，在纽约有 5 家，还有 1 家位于中国香港。截至 2014 年，Pret 在全球拥有374家分店，其中在美国的分店已超过60家（位于4个不同的城市），在法国巴黎和中国上海也开设了分店。[①] Pret 每天服务的客户人数超过 30 万。

Pret 业务模式中一个明确的要素就是各种各样的新鲜的三明治。（公司法语名称的意思就是“即食食品”。）这种营业模式可以让客户只需 60 秒就可以完成购买，这在其目标客户——忙碌的上班族中确实有很大的吸引力。但即使在这么短的时间里，Pret 仍希望店里充满微笑、正能量以及人与人之间的真诚沟通，尤其是对回头客而言。公司首席执行官克莱夫 · 施莱将其称为 Pret 式交谈，公司还制定了一套 Pret 行为规范。“我们只聘用友善且充满活力的员工，我们需要那些天生幽默的人。”施莱告诉伦敦《每日电讯报》的记者，他在巡店时，会观察员工与客户之间的互动，甚至还会对员工间的互动进行评估，“我几乎可以单凭肢体语言预测出销量”。

该公司有一套严格的培训方案，目的是让一线员工学会 Pret 行为规范。培训课程被称为 Pret 学院，同时还有一本员工手册，描述公司希望营造的氛围。（需要说明的是，这是一种显著的多元文化现象。Pret 在英国的员工来自 106 个国家，其中只有 18% 是英国人。其他主要是波兰人、哥伦比亚人和意大利人。）手册“告诉员工‘使用你自己觉得舒服的用语，像招待自家的客人一样招待客户’,”《每日电讯报》报道说，“这完全不像‘祝您用餐愉快’那样敷衍，这蕴含着更深层次的哲理。”

① 中国上海的分店已于 2018 年 12 月关店。——编者注

但这个哲理在大西洋两岸引发了激烈的批评。我看到的第一个攻击来自《伦敦书评》上的一篇文章，文章反对 Pret 的员工除了提供价格公道的美味外还要做更多的事情。“Pret 已经理解，而其竞争对手不理解（或仍未理解）通过这种方式能赚多少钱，即激进的理论家自 20 世纪 70 年代以来就提出的‘情绪劳动’，”这篇文章指出，“工作越来越不是，或不仅是买卖产品，而是用你的体力和情感，为他人服务。重要的不是你制作出来的产品，而是你如何表达你的感受，以及别人如何理解你表现出的情绪。这对母亲、护士来说并不新鲜，但服务经济的极度膨胀意味着情绪劳动不再仅限于女性，它被视为晚期资本主义制度下的主导商品形式。”

一个月后，《新共和》刊登了一篇蒂莫西·诺亚写的抨击文章，他狠狠批判（尽管不是那么辩证）了作为 Pret 模式核心的“情绪劳动”和“强迫快乐”。文章以个人糗事开头（我希望他是在开玩笑），讲述他曾经一度以为当地一家 Pret 的年轻收银员（一位“淡银灰色头发的苗条女士”）爱上了他。“要不然怎么解释每次我走进店里买三明治或拿铁时，她都那样喜形于色呢？”他问道，“然后我发现，她会对下一个、再下一个客户放电。眼神发光就是她的工作。”诺亚失望地总结道。“为什么卖给我奶酪番茄三明治的人一定要有‘存在感’且‘让人愉悦’？”他非常震惊，“为什么她不能‘只为了钱’而卖给我？我不想为了任何人的使命感而刷卡。这是经济的最基本规律。”

诺亚有权表达这种奇怪的想法，但他居然高傲地认为一线员工只需要基本的责任感和最基础的能力就够了。对客户和员工而言，难道融入欢快的氛围和使用个性化的表达方式不比咬紧牙关、皱起眉头更好吗？这就是 Pret 一直反对使用积分卡——经常光顾的客户在店里消费一定金额后可以免费享用一杯咖啡或一个三明治——的原因之一。Pret的一线服务人员有权（其实是公司对员工有这个要求）免费为客户提供的饮料和菜单上的食物，这不是为了弥补自己的过失，而是对客户友善举动的回馈，或是让某些看上去不太开心的客户开心起来。“员工每周必须送出一定数量的热饮和食物，”施莱解释道，“他们会决定，‘我喜欢那个骑自行车的人’，或是‘我喜欢那个人的领带’，或者‘我觉得那个女孩或那个男孩很棒’。这意味着28% 的客户可以获得免费的礼物。这是一种很棒、很与众不同的经营方式。”[5]

诚然，并不是每个人都适合这份工作。这就是 Pret 为什么会基于求职者的价值观与企业文化的匹配度来评估求职者的原因。在雇用求职者之前，公司会将其分配到试用岗位，然后由在职员工评选决定是否让他们转为全职。（员工票选将排除约 10% 的候选人。）换句话说，你的人品和你的资历一样重要。的确，我遇到的每个高效能企业都会对应聘者说：如果你不适合，你很难承担起这份工作。

“情绪劳动”将成为未来大有作为的企业中更重要的部分，这令我感到欣慰。我将以更通俗的语言提出这个问题：是什么让企业很难表现出友善？当人与人间的细微感动变得如此罕见，我们成了怎样的领导者？不知为何，甚至是不经意的，不同类型、不同规模的组织都设法从日常运作中消除自然流露的积极情绪和友善的小举动。这样做的人没有被奖赏，没有被颂扬，没有被重视，即便是同事、客户和各类支持者都觉得他们的行为有意义。对企业和领导者而言，激发每个人最好的一面来进行思考和行动，真的有那么难吗？

沃德·克拉彭一直思考着这个问题，即使他经手的“业务”是最差的一种。当他接管加拿大不列颠哥伦比亚省里士满的皇家骑警队时，面临着如何减少边缘青少年的不法行为和犯罪（某些较严重，某些较轻）问题。“我工作中的一项基本任务”，他在《违法乱纪》一书中写道，就是和同事们“追捕罪犯”。但克拉彭不认同在犯罪后采取严厉措施进行惩罚。有没有可能有一种方式，能够将问题少年引上正道，用表扬替代惩罚？他是否能将消极的“业务”转为积极的“业务”？

他的方法就是他所谓的“积极票”。当然，他的同事们会继续传讯和逮捕违法的青少年，但他们也竭尽全力地去寻找那些不惹是生非但有一定危险性的孩子。这些孩子在滑冰场或学校做着正能量的小事，为了让自己和身边的人可以生活得更好一些。他和同事们会向这些孩子发放积极票，这是一种表扬，收到积极票的孩子可以免费吃一顿饭、看一场电影，或者免费去一次主题乐园。“作为逮捕那些做错事的孩子的替代方法，”他解释道，“积极票的作用是找到那些做好事的孩子。”

改变一线员工的态度和思维模式也是如此。“寻找做好事的孩子是很有趣的，”他对同事们说道，“从事这项工作的警官应该是很快乐的。

这意味着每次发放积极票时都要像表演马戏一样吗？当然不需要。如果大人不是真的对孩子们的善行感兴趣，发放积极票只不过为了完成特定的指标，孩子们会马上看穿的。因此，发放积极票应该是你全天工作中最美好的时光，你的言行举止都应该表现出这一点。”

克拉彭和同事每年发出约4万张积极票，是违规罚单的3倍。“我想你会说我们依旧是‘猎人’，”他写道，“但我们现在是在寻找良好的行为。”他在报告中得出结论，打到他们警署的关于青少年犯罪的电话减少了50%，估计有1 000名年轻人远离了犯罪。说得更直白一点，警方和社区之间的关系改变了。“这么做的价值在于打入了孩子圈，”他写道，“他们不再看到我就逃，而是蜂拥而至……孩子们再也不会觉得我想抓他们，他们把我当朋友。”[6]

是什么让企业很难表现出友善？当人与人之间的细微感动变得如此罕见，我们成了怎样的领导者？

即使是不苟言笑的互联网巨富杰夫·贝索斯，也不得不思考工作与生活中慷慨、包容的价值，以及足以强化或削弱这种包容的小举动。这位充满好胜心的、富于进取的亚马逊公司创始人曾在普林斯顿大学（我的母校）向毕业生发表了一场令人难忘的演讲。如果没有策略和技术，贝索斯什么都不是。但在这个重要的日子里，他没有谈论无人机送货和云计算，而是分享了他和祖母的一次痛苦遭遇，以及他把祖母惹哭后的经历。

在很小的时候，贝索斯就已经有了敏锐的头脑和对数字的热爱。一年夏天，在和祖父母一起的公路旅行中，祖母身上的烟味让他很厌烦。他坐在后座，计算了祖母每天要抽多少支烟，每支烟要吸几口，以及每吸一口烟对健康的损害。然后，他骄傲地向祖母宣称："你将少活 9 年！"祖母接下来的反应出乎他的意料。"我本以为他们会夸奖我的聪明和算术能力，"他说道，"但并没有，我的祖母突然哭了起来。"他的祖父对此没有说什么，只是把车停在了路边，下了车，把他也叫下车。"我的祖父看着我，沉默片刻，然后温柔而冷静地对我说，'杰夫，有一天你会明白，善良比聪明更难。'"

我明白，贝索斯不像是会发自内心地说这些话的人。2015 年夏天，《纽约时报》发表了一篇报道，迅速成为爆炸性头条，这篇报道对亚马逊内部严苛的考核机制和近乎残酷的工作氛围提出质疑。其实在早些年，贝索斯就已经开始思考这样的问题：如此全力进取、雄心勃勃、坚持不懈的亚马逊在世人眼里是什么样的。其实，他给公司高管写过一封名为"亚马逊和爱"的内部信，并在信中提出了一个问题：当公司年销售额达到 1 000 亿美元时（2014 年的数字是 890 亿美元），公司将是令人生畏的还是令人喜爱的？"有些大企业会发展热情的粉丝群体，广受客户喜爱，甚至被认为很酷。"贝索斯写道，并指出耐克、开市客和美国联合包裹运送服务公司都属于这类企业。他还指出，像沃尔玛、微软和高盛这样的企业则处于另一端，而他不希望亚马逊变成这样。

世人如何看待一家企业，贝索斯总结道，很大程度上取决于它的行事风格，以及其行事风格与直接竞争对手的对比。他警示自己的员工："粗鲁并不是酷，击败弱小的家伙也不是酷。"他还补充道，"有礼貌就很酷""击败没有同情心的大块头就很酷""探险家很酷""征服者不酷"，还有一句是在向曾经帮助他融资并多年来服务于董事会的约翰·杜尔致意，"传教士很酷，雇佣军不酷"。[7]

是的，大部分务实的领导者都会鞭策员工追求先进的技术，构想所在行业中更多的可能性，从最广泛的资源中发现新点子，并流露出必胜的意志。但他们也清楚，创造力和生产力的驱动力不取决于个体（或组织）的宽容和慷慨。贝索斯在普林斯顿大学讲述了他在生活和职场中学到的道理之后，向毕业生提出了 12 个问题，如："你会遵循教条，还是会创新？""你会因为批评而萎靡不振，还是会坚持自己的信念？""你会选择安逸，还是会选择冒险？"不过，最后一个问题最贴近贝索斯自己，这个问题也有待亚马逊员工的回答，也是对任何有抱负的领导者而言最重要的一个问题："你是会牺牲他人的利益来变得更聪明，还是愿意变得善良？"

第六章

坚持不懈，致力于爱的领导

“我们要让大家明白，真正的快乐是什么感觉”

凯文·罗伯茨在盛世长城国际广告公司担任过很长一段时间的首席执行官（现在是董事会执行主席），是他那一代人中最受欢迎的广告人之一。他提出过一个词，用来描述企业与客户建立情感纽带的能力。他认为，商标已经过时了。新的目标应该是打造“至爱品牌”，使品牌成为“美丽的迷人之物”，让客户对品牌产生“超理智的忠诚”。这是一种更深层次的联系，“足以让客户原谅品牌的过失，理解品牌的失败”。如果一个传统的品牌消失，绝大多数人会找到替代品。“失去至爱品牌，”他补充说，“人们会抗议的。”

为什么在一个充满产品、服务和巨额广告预算的市场中，至爱品牌如此之少呢？罗伯茨指出，这是因为太多的公司在向客户推销自己的产品时，过于狭隘地只关注价格、表现和特征等细节。对于至爱品牌——“充满魅力的品牌，人们对其倾注了情感”——客户沉浸于它所带来的“神秘、感性和亲密”。他说，打造这样的品牌，不是通过昂贵的电视广告或社交媒体宣传造势，而是需要“一种新的视角，一种改变公司如何看待自己和如何看待客户的方法。当然，客户如何看待公司也同样重要”。向高管以及他们所领导的企业和组织传达的信息是：“爱是不会变的……为什么我们会在企业运营的过程中忽略情感呢？即便它在我们的日常生活扮演着如此重要的角色。正是这种人类的冲动让我们与亲人和朋友建立了密切的联系，我们在工作中也需要它。”[1]

我欣赏罗伯茨的思考方式，也毫不怀疑他对打造至爱品牌怀有的激情。当我想到全球的客户对帕内拉倾注的热情，以及别克那个心地善良的店员是如何赢得一位毕生忠诚的客户时，我就格外欣赏那种领导者，他们志存高远，而且不会忽视那些将会在组织内外留下深刻印象的细节。在一个充斥着先锋理念、颠覆性技术和大笔营销预算的时代，这种简单的互动非常重要。你无法用电子表格量化它，但是我们应该坚定地用爱来领导团队。

如果不再次提及南中心基金会以及它对当地人口健康水平的积极影响，我就无法证明小小的举动能够传递巨大的能量。这就是用爱来领导团队的价值所在。南中心基金会是个不折不扣的至爱品牌——一家在其雇员和客户-所有者当中激发了“超越理性的忠诚”的机构。不过，正如戈特利布所强调的，她和同事们取得的巨大进步实际上是长期积累的结果，是在无数的一对一服务中积累到的个人信息，这里的工作人员用友善的态度和人们打交道，把每个到访者当成真正的人来对待。使 Nuka 区别于只会管理成本、提高业绩的那些医疗机构的关键，是它持续不断地、创造性地关注让人们感到满意的原因，争取达到人们的满意，而不仅仅是关注怎么使病人康复。

早在戈特利布当上首席执行官之前，她就已经有了这种意识。事实上，在她被录用为接待员后不久，她就已经开始践行了。当时的机构规模小，资源奇缺，墙面单调，摆设简陋，同事穿着古怪。作为一名新员工，戈特利布对这样的工作环境感到很失望。如果病人（那时候他们还不是“客户-所有者”）走进来，发现整个机构给人一种奄奄一息的感觉，他们怎么可能会心情愉悦，对自己的健康有信心呢？于是，戈特利布自己动手粉刷了墙面、换了地毯，又摆放了一张橡木桌子，穿上了职业制服。

“之所以要改变环境，”她告诉我，“就是要改变进来的那些人的观感。重点不是让我看起来更漂亮或者能够坐在一张大桌子后面，而是我接待到访者的方式，我的接待方式帮助到访者认识到自己是谁，为什么他们很重要。‘你是一个人，不是一个数字或者一个项目。你就是国王或者王后，而我是仆人。这是你们应该享受的服务。’那时候我还没有权力去改变整个机构，不过我至少能改变我负责的这些工作。”

志存高远的领导者不会忽视那些将在组织内外留下深刻印象的细节。

从粉刷墙面到摆放一张橡木桌子，再到获得麦克阿瑟奖和布里奇奖，这是一段漫长的旅程。不过，戈特利布以人为本的理念为南中心基金会转型定下了基调。举例来说，Nuka 的一项标志性创新，就是提供基础保健服务的“综合护理团队”。每个团队都由 8 个人组成，接待 1 200~1 400 名客户-所有者。8 个人中有医生、病例经理（通常是注册护士）、营养师、注册医疗助理、管理员、药剂师和行为健康顾问。团队中的每个人都被激励要“在其能力范围内做到最好”，也就是说，要在法律允许的范围内尽可能多地承担责任，让其他同事能够放开手脚做好自己的工作。

“我们的医疗助理做的是注册护士干的活儿，”道格拉斯·伊比说，“注册护士干的是行为健康顾问的工作，而行为健康顾问干的可能是医生的工作。初到我们这里时，没有人接受过所做工作的培训。所以，我们不得不重新培训他们。我们重新为每个人设定了角色，让他们承担起更重大、更复杂的责任。”

以团队为基础的工作模式有一个非常重要的优势，那就是通过培训，团队成员可以对病人投入更多关注，保持不间断的沟通，从而提供长期的医疗保健服务。如此一来，同一名医生、护士和医疗助理为固定的家庭服务，他们总是共同合作。这就避免了大多数医疗机构普遍存在的信息混乱、管理混乱和官僚主义等问题。而且，保健师的前期介入，使得就诊过程更像是一种日常交流，而不是像绝大多数医疗机构那样直接进行诊断。受过特别培训的行为健康顾问、药剂师和社工有能力发现那些在医生问诊中被忽略的危险症状。

他们会在睡眠或者压力问题上进行干预，建议病人遵医嘱，帮助他们改善饮食和卫生习惯。“医生擅长诊断疾病和开药方，”伊比解释说，“但在激励和鼓动人们采取更健康的生活方式方面，团队里的其他人会做得更好。”

南中心基金会的保健师尤其适合去做这类事情。“这一角色算得上是我们的发明，”他解释道，“保健师可以提前介入治疗过程，并建议严重的病人转诊。他们像社区的理发师或者邻近酒吧的服务员那样给人心理抚慰，他们能与病人共情，愿意倾听，病人们愿意和其谈及自己的生活琐事。我们有了一个提供心理健康服务的系统，我平生第一次看到，这样的系统可以惠及成千上万的人。”

用负责行为服务事务的副总裁钱达·阿洛伊修斯的话说，南中心基金会的领导者总是在想办法“满足人们身心健康的需要”。她提到，有一个非常规的办法来自南中心基金会当中人数最多的群体之一——牙医。牙科是该基金会最早向当地居民提供服务的科室之一，可以追溯到戈特利布刚刚做接待员的时候。这项业务一直深受好评。这种长期建立起来的情感纽带为了解客户-所有者的生活提供了宝贵的机会，而不仅限于解决牙龈疾病。

“我们这里的牙科助理非常神奇，”阿洛伊修斯说，“他们热情、友善、开朗。”使人轻松的氛围往往会令人愿意敞开心胸、分享秘密。“我冰箱里没吃的了”“我担心我的孩子可能在吸毒”“我的伴侣打了我”。于是，看牙医不再是单纯地解决口腔问题。阿洛伊修斯说：“实际上，我们从牙科收集到了相当多的求助信息，这些信息使我们可以及时发现危机并处理。‘我来这里其实不是因为牙疼，而是因为我想离开我的丈夫。’那么我们就会带她检查身体，并通知相关部门。如果就诊者的困扰涉及心理健康，那么推开任何一扇门都可以得到帮助。”

基金会强调让客户-所有者充分分享他们的生活，确保医生、药剂师，甚至牙医在每一次会面中都能帮助病人缓解个人压力或者处理复杂的家庭事务。戈特利布和她的同事并没有遵照传统的医学专业来划定自己的职责范围或者确定专业的界限，他们也不会采用短期干预或者一次性疗程来解决慢性健康问题（心脏病、肥胖症等）。他们的策略是与他们所服务的人群建立情感，让客户-所有者慢慢有责任感和自尊意识，并日益坚定。

举例来说，我曾经问及伊比南中心基金会在治疗糖尿病方面取得的进展，他们是不是尽全力治疗这种病。他摇了摇头，纠正说：“治疗糖尿病要靠长期的坚持，涉及饮食、锻炼、睡眠、压力管理等。没有什么仙丹妙药，人们必须凭借内驱力做出改变。所以当我们和一位50岁的阿拉斯加本地人交谈时，我们知道他们当中90%的人都已经或即将做祖父了。这也就意味着，他们得教自己的孙子、孙女打猎和钓鱼。那我们就可以和他们解释，糖尿病将如何损害他们的视力，如何让他们的指尖感觉怪怪的。”

绝大多数病人对白纸黑字、成堆的数据和《新英格兰医学杂志》上刊登的文章无动于衷。“这与统计数字无关，”伊比说，“这关系到祖父母能否把他们的本事教给孙辈。这里没有顿悟，也没有了不起的糖尿病治疗计划。这是影响别人的艺术，我们根据每个人的情况进行调整。在这里，随着时间的推移，你会真正理解一个人的故事，并让他们变得健康。”

值得注意的是，在南中心基金会的医疗项目里面，有一个项目是力图让人们顿悟的，它立足于强制性的干预，也是少数几个需要直接向首席执行官汇报的项目之一。戈特利布创立了这个医疗项目——“家庭健康卫士”倡议，专门处理阿拉斯加州印第安原住民因以往遭受虐待而导致的一系列问题——非常普遍的家庭暴力、儿童性侵害和虐待儿童等。这些问题持续数年，在家庭和村庄中蔓延。她指出，这是健康领域的一项挑战，需要一种独一无二的解决办法。问题太大了，代价太大了，历史的创伤给这些人带来了非常大的负面影响，我们必须想办法解决它。

“家庭健康卫士”倡议当中感情色彩最浓重的部分，是一次名为“浴火重生”的体验。遭受过伤害或者曾经伤害过别人的人要用 5 天 4 晚的时间，每天 14 个小时，在学习小组讲述自己的故事，学习接受自己的所作所为或者是曾经经历的事。戈特利布经常亲自组织参与这样的活动，把这种体验称为“回到零点”——一种激烈的、令人筋疲力尽的，同时又是（充满希望的）释放过程，让人直面过去受到的伤害并对曾经犯过的错误感到羞愧。与控制糖尿病和提高免疫力相比，这种治疗模式的效果很难评估。不过，家庭暴力如此难以解决的原因，是源于几个世纪以来的压迫和堕落，只有这样的治疗方式才有可能取得成功：要深入地（难免痛苦地）挖掘每个受害者或施暴者的过去，并借助传统理念的精髓推动他们向前。“我们正在打破人们对于家庭暴力和虐待儿童问题的沉默，”戈特利布说，“有时候我们 5 天内就可以做到别人要花几年时间才能做到的事。”

随着“家庭健康卫士”倡议得到越来越多的支持（以及外界的关注），南中心基金会开始在阿拉斯加州培训来自世界各地的健康顾问、村干部和志愿者，其所培训的人数远远超过自有员工数，实现了更广泛的影响。南中心基金会的领导者说，这么做的真正目的不仅仅是为了解决长期被忽视的健康问题，虽然这也确实是一个目标。阿洛伊修斯解释说：“我们想让大家明白真正的幸福是什么，并重新体会生活中的乐趣。”这对任何社区医疗机构来说，都是非常吸引人的定义，也是每个企业、组织追求的终极善举。

“要有足够的煽动力去改变人们的所作所为”——品牌就是文化，文化就是品牌

来自收银员或者空乘人员的一个微笑，来自一个牙医的富有同情心的建议，对于接收方（或发出方）来说可能都意义非凡。或许这听起来有些奇怪，但它确实能给人带来一种有意义的体验，企业可以通过这种方式将自己打造得更加吸引人。我所知道的最成功的企业，它们不仅与其他企业有不同的想法，还比其他企业更懂得关心客户的不同。无论你是想打造至爱品牌还是想要传递某些爱意，除非你能在业内创造出与众不同的东西，否则是无法在市场上做到与众不同的。品牌是企业文化的外在表达，企业文化是品牌的内在

支撑。

没有哪个组织能比美国军人银行更生动地诠释这种关系了。这家位于得克萨斯州圣安东尼奥市的金融服务业巨头，已经成为一个标志性的品牌。它拥有超过 1 100 万名会员，将近 2.8 万名员工，年收入超过 200 亿美元，利润达 27 亿美元。1922 年，一群陆军军官创办了这家企业，最初是为了给自己的汽车上保险而互相担保（保险行业都认为，这群军人的风险很高）。现如今，它已成为美国首屈一指的信用卡发放机构、抵押贷款银行机构、房屋和汽车保险公司。颇让人感到意外的是，它还是美国最大的直销银行之一。它没有实体店，只是通过电话和网络与客户进行联系，就吸收了近 600 亿美元的存款。

从策略上说，让美国军人银行表现优异的主要原因是它专门为美国现役军人、退役军人以及他们的家庭提供服务。这是一个很大的市场，但客户们的需求五花八门。美国军人银行提供的服务非常到位。（一名金融服务贸易协会的会长曾对《纽约时报》说："我认为它是每个人都在追逐的行业领导者。"）美国军人银行在亲和力、责任感和解决问题的能力方面的表现堪称传奇。翻阅任何一次关于客户满意度和品牌忠诚度的调查，你都能在榜单的首位看到它。2015 年，统计机构特姆金集团发布了年度"谅解等级"报告，按照客户愿意谅解公司所犯错误的程度，对将近 300 家公司进行了排序。这是一种非常有效的测评客户忠诚度与信任度的方式。在三个业务领域（信用卡、银行服务和保险产品），美国军人银行均排在首位，分别击败了苹果、雷克萨斯这样的知名公司，所得选票高出金融服务水平落后的花旗银行和富国银行三倍。没有其他公司能够同时在多条产品线取得如此优秀的成绩。

美国军人银行之所以能够在市场上有如此卓越的表现，我确信，一个重要的原因是，客户们能在它那里感受到共鸣。这家公司有一个备受推崇的培训项目，从抵押和保险术语，到通过短信和在线聊天与客户沟通的最佳方式，一线员工在培训中将学到工作所需的专业技能，从而让自己的工作更有效。不过，他们通过培训真正学到的是同理心和包容——想象远在阿富汗的想把钱转账给父母的美国士兵，或者从驻扎在慕尼黑的美国士兵的伴侣的角度出发，她想给自己在缅因州的家新买的汽车投保。无论如何，美国军人银行的服务人员都要让这些客户满意。

“当今世界上，没有谁比美国军人银行更了解他们的客户。”一位研究人员对正在评选“客户服务冠军榜”的《彭博商业周刊》说道。该杂志把美国军人银行排在了榜单首位，因为“在它做的几乎每件事情上，这家金融服务机构都紧紧跟随着客户的脚步。这些客户流动性很高，许多人还面临着独特的财务挑战”。[2]

除非你在业内创造出与众不同的东西，否则是无法在市场上做到与众不同的。

一线员工如何做到紧跟客户的脚步呢？这些客户中有的或许穿

着锃亮的皮鞋，而更多的则穿着脏兮兮的靴子。美国军人银行采取了一种方法，“模拟”那些被派驻海外的人的生活，让员工体会到这些人所经历的波折和磨难。美国军人银行还会给一线员工吃罐装午餐肉，目的是让他们体会到在野外生活的感觉。美国军人银行的员工们还尝试背上军用背包，穿上凯夫拉尔防弹背心，感受士兵每天的负重。一线员工们阅读士兵的家信，数百名员工还主动参加了零基础的新兵训练。在训练中，教官会冲他们喊口令，命令他们做俯卧撑，并提醒他们现在是在军队里。“这大概是我平生最低声下气的一段经历。”一位在美国军人银行工作 10 年的老员工对圣安东尼奥市电视台的记者说道。

换句话说，美国军人银行让它的员工、经理和高管们尽可能多地了解客户的复杂生活和情感需求。这样，每个人就能明白公司希望他们与客户建立的那种关系。这种沉浸式体验有助于员工与客户产生共鸣。在这个过程中，涌现了许许多多有关服务的传奇故事。

从许多方面来看，美国军人银行的企业文化都是保守的、按部就班的。它的首席执行官总是退役军官，员工中有 25% 是老兵或士兵家属。所以，这里自然而然地就会形成一种信奉指令的氛围。与此同时，它又对服务有着非凡的热情，并善于创新（比如说，允许客户通过苹果手机付款，或者是通过短信转账等）。它是我见过的最敏锐、最有创造性和最有远见的组织。当现役士兵、退伍老兵和他们的家属都仰仗着你的时候，谁还有空去争权夺利、摆官架子或者耍小聪明呢？

这是一种发自内心的服务意识，是一种所有普通员工都认同的理念，他们明白，在自己签约加入后，获得的不仅仅是一份工作。从美国军人银行推出它的第一个产品开始，这种理念就在圣安东尼奥市扎根了。它为军人及其家庭提供服务，而他们曾是被其他从事金融服务的大企业所忽视的群体。当然，不是每家公司都有这样一段振奋人心的历史，不过每家公司都可以达到美国军人银行的那种服务水平，只要它也像美国军人银行一样密切关注行业发展情况，改变员工与客户之间的交往方式。

高科技行业的企业家本·霍洛维茨是硅谷新一代风险投资家中最有影响力的人之一，他将领导力风格挑战称为“使你的企业文化项目化”。关于企业文化，霍洛维茨想了许久，说了许多，也写了不少文章，不过他从来没有提及他自己那个有桌上足球、免费食物，甚至可以养宠物的公司。这种工作氛围吸引了许多人的关注。其实，他想表达的是，企业文化就是“设计一种工作方式”，从而达到三个基本目标：使企业有别于竞争者，使企业的核心价值观贯穿始终，识别、提升或留住那些能够帮助企业完成使命的员工。他说，就企业文化而言，对领导者来说，关键的挑战是“要有足够的煽动力去改变员工的所作所为”。换句话说，如果你打算提升和激励你所在的组织的竞争方式，那就需要先改变员工的行为方式。[3]

“允许人们自由发挥。”——为什么普通法优于罗马法

梅赛德斯-奔驰美国公司为我们提供了一个很有启发性的例子。

很难找到比奔驰更受人尊重、羡慕、吸引人的品牌了。几十年来，它生产的汽车、跑车和 SUV（运动型实用汽车）几乎占领了豪车市场。2012 年 1 月，斯蒂芬·坎农成为奔驰美国公司的总裁和首席执行官。他认识到，要取得突破性的成功，要关注的远不只是汽车的驾驶体验多么平稳或者设计有多么优雅，而是要关注那些卖车和提供服务的人，以及他们的行为方式。他声称："每一次和我们品牌的相遇，都必须和我们的产品本身一样，是一种超乎寻常的体验。"他明白，客户和品牌的相遇基本会始于汽车经销商——那里的接待人员或者销售人员，总之是某个产品部门或服务部门的人。而他们的行为既可以是令人难忘的，也可以是和绝大多数经销商的绝大多数员工一样的。（还记得前文提到的凯迪拉克的店员吗？）

这是一个深刻的见解和一次巨大的变革。奔驰始终关注的是前沿的创新和世界一流的卓越表现。就像德国汽车工业先驱戈特利布·戴姆勒那句不朽的名言：要做就做最好。不过，奔驰主要在设计和生产汽车的精细流程上践行了这句名言，在与客户打交道这一难以控制的活动上，并没有采取什么行动。坎农明白，如果要影响全美近 370 家奔驰经销商的 2.3 万余名员工，首先得影响他们的信念。没有办法靠写一本员工手册、制定工作流程来实现这种改变，也不存在什么现成的方法可以迅速打造这种文化。他需要说服经销商和一线员工加入一项草根"运动"，让他们"因受到鼓舞而去感染"遇到的每个人，就像美国军人银行一样。

"没有什么科学流程或算法可以激励一名销售人员或服务人员去

做一些非同寻常的事。”在一次深度访谈中，坎农告诉我，“做到这一点的唯一方式就是教育大家、激励大家。授权他们在合适的时机做他们能够做到的事情”。他是如何授权的呢？“我要做的是打造一种生态环境、开展一项运动，员工在这个环境里有机会做一些客户未曾期待过的事情。这些事情可以不做，但恰恰是这些事情有着真正的意义，能够在客户心中留下永久的记忆。不是照章办事，而是一次信仰的飞跃。”

坎农在谈到那些通过死记硬背、按章行事的方式来吸引客户的策略时，叹了口气。“就拿给客户递水这件事来说吧！”他大声说道，“工作人员会认为，当客户走进展厅或者维修部时，应该给他们一瓶水。不过，渐渐地，本来挺有意义的一个举动变成了僵化的流程，于是客户就会收到从四面八方递来的水。当一个举动变成一种流程，它就失去了原本的意义，注定会失败。”

坎农说，两相比较，自然的友善之举会让客户感念多年。有一名达成交易的店员，正赶着填写一堆文件。他突然注意到这位客户的生日就在今天。于是，他给这位客户订了蛋糕。当客户来提车时，等待他的是一场生日派对。“这太出人意料了！”坎农微笑着说，“客户一脸难以置信。”还有一次，一位客户开车去参加儿子的毕业典礼，结果车在路上爆胎了。情急之下，她走进一家奔驰经销商店，说了自己的麻烦。很不幸，当时店里没有她那款车的备用轮胎。但维修部的经理并没有甩手不管，而是冲进展厅，挑了一辆新车，卸下其中的一个轮胎，使这位女士能够及时赶上儿子的毕业典礼。

“我们有很多类似的故事，”坎农说，“员工们在第一时间不厌其烦地解决客户们的各种问题，因为我们的员工非常愿意做一些特别的事。”坎农和同事特别愿意收集此类故事，并用视频记录下来，然后和所有经销商分享这些故事，目的是让一线员工感受到什么是成功。用坎农的话来说，就是向员工们展示他们努力创造的“未来的照片”。

“好消息是，未来就在那里，就在这些细节和片段当中。”他解释道，“我们追求的并不是不可能实现的事。这些故事也使我们的客户变得更有人情味。他们不再是满意度测评表上的名字，他们是活生生的人。我们所做的很大一部分工作，就是让他们的生活更轻松一些。”

前文提到的战略家和顾问利奥尔·阿鲁西，曾经与坎农及他的团队在奔驰美国公司内部的草根运动项目上有过密切合作。对于坎农的远见卓识和那些故事，阿鲁西赋予了一种更具普遍性的意义。“要记住，你的员工也是其他公司的客户。”他告诉我，“他们知道自己喜欢被怎样对待。如果我们能释放这些本能，如果我们能释放他们的能量和情绪，他们的创造力会让我们惊讶。我们不需要为他们制定规则，告诉他们如何做一些令客户印象深刻的事，我们要做的就是允许他们自由发挥。”

研究“适应性组织”的商业理论家马克·怀特在两类公司之间做了一个有趣的区分。一种公司以罗马法为基础，规定如何治理和决策，另一种则立足于普通法。怀特解释说，在罗马法中，未被明确允许的事情就是被禁止的，罗马法类型的公司依赖于正式的政策和官僚的制度，依赖于预先制定好的规则和既定的做法。在普通法中，未被明确禁止的事情就是被允许的，所以普通法类型的公司依赖于快速的行动、灵敏的反应、良好的判断和常识。显而易见，在增长、创新、与时俱进方面，普通法类型的公司胜过罗马法类型的公司，大多数老牌公司仍停留在罗马法的思维定式中。罗马不是一天建成的，不过罗马法类型的公司占据主导地位的日子已经是屈指可数了。

绝大多数公司都按照罗马法的方式进行管理：未被明确允许的事情就是被禁止的。最人性化的公司则按照普通法的方式进行管理：未被明确禁止的事情就是被允许的。

哈里·海内坎普在奔驰美国公司已经工作15年了，在斯蒂芬·坎农担任首席执行官后没几个月，拥有客户服务经验的他就成了首位客户体验部总经理。他没有花太多时间去思考罗马法和普通法的区别，不过他确实思考过培养同理心、执行力的方法，这种方法使得像南中心基金会和美国军人银行这样的组织可以与众多客户保持良好的关系。他赞同斯蒂芬·坎农的主张，整个流程的一部分是让客户在一线员工面前变得“有人情味”。不过，他补充说，同等重要的是，要培养员工对品牌的自豪感，从而形成一种非常强烈的对组织的认同感。他提出，当员工对公司和同事形成一种超乎寻常的认同感时，他们就更愿意为客户做那些超乎寻常的事情。

这就是名为DaSH（Drive a Star Home，意即“驾驶一颗星星回家”）的项目背后的精髓所在。海内坎普和他的团队在全美走访所有奔驰代理商，在与员工交谈时，让他们感到意外的是，他们发现，“员工对品牌的自豪感并不像我们认为的那样强烈，对工作的投入程度也不像我们认为的那样高”。

他说，真正让他们吃惊的是，近 70% 的一线员工从来没有把汽车开出过停车场。他们会修理汽车，为汽车订购零部件，在展厅展示汽车，但是他们从来没有把车开到马路上。海内坎普感到不解，这样的话，员工怎么可能对品牌有真正的自豪感呢？如果他们自己从来没有体验过驾驶奔驰的汽车、跑车或其他车所带来的快乐，他们又怎么会乐意与客户交流、分享窍门，或者与客户一起庆祝呢？

通过 DaSH 项目，两万余名员工都有机会开车体验一款最新的奔驰汽车。如果他们愿意，可以开 48 小时。为此，公司废弃了本可进行售卖的 800 辆汽车。公司向员工简单地介绍他们所驾驶的车型，之后收集关于车辆驾驶情况的反馈，了解员工从中学到了什么。不过，这个体验的重点不是关于车的特点、性能和零部件的，而是关于情感、身份认同、热情和自豪感的。员工可以在参与 DaSH 项目的过程中安排生命中重要的事，比如在祖母 90 岁生日那天去接她，开车送女儿和她的朋友参加16岁生日派对，到医院接新生儿，等等。参与项目的员工会以照片或视频的形式记录这一切。有一次，一名员工甚至还写了一首说唱来记录他的 48 小时。

“很难用语言来描述这个项目的反响。”海内坎普说，为此他建了一个收集和分享这些故事的网站。“这样一来，员工就会更了解我们的汽车，可以用他们新学到的知识和技能与客户沟通，比如‘让我告诉你当我把手机和车载系统连起来时发生了什么；我给你演示一下这个特别棒的巡航系统’。如此一来，公司就能够从中获益。最重要的是让员工感到自豪。”[4]

作为一个一次性的项目，DaSH 给成千上万的参与者留下了深刻印象。自那以后，奔驰美国公司采取了更多措施，增强一线员工对品牌的认同感，从而与客户建立更好的关系，赢得客户的认同。最近，奔驰美国公司在亚巴拉马州靠近伯明翰的地方建立了品牌认同中心。这家快速增长的公司践行了戴姆勒的哲学——“要做就做最好”。它每年生产 30 万辆车（从 2013 年的 18 万辆起步），从跑车到大型的运动型多用途汽车，能够生产 5 款不同的车型。这家品牌认同中心集博物馆、教室和体验馆于一体，目的是让访客深度了解汽车背后的历史、设计方法和生产过程。

事实表明，品牌认同中心的访客中许多人都曾参与过 DaSH，他们中有销售人员、部门领导、代客泊车的服务人员、售后技术人员和零配件部门的经理等。他们会花上两天三晚了解相关的技术，并再次驾车体验——既可以在小路上开，也可以在高速公路上开。成千上万的奔驰传播大使们“将体验我们的品牌、我们的历史和我们的产品”。海内坎普解释说：“他们在这里观摩世界一流的汽车是怎么生产出来的。这和销售无关，我们旨在激励员工成为以客户为核心的品牌传播大使。DaSH 只是其中很小的一部分。品牌认同才是这一体验的终极目标。”

坎农充满信心，相信这些项目能够在奔驰的销售网络中激励人们采取许多充满善意的小举动。（他们已经得到了回报。2014 年，在“君迪销售满意度研究”中，奔驰名列豪华汽车品牌客户满意度第一名。这是 24 年来奔驰首次获此殊荣。2015 年，它与宝马并列美国豪华汽车品牌销售第一名，取得了很大的进步。）“一旦人们了解到我们生产这些汽车的卓越水平，”他指出，“他们就会明白，我们有义务给客户带来与之相匹配的体验。我们所做的每件事都是为了强化我们试图传达的信息和标准。一旦你提升了客户服务标准，那么一切都有可能发生。”

这是一个非常重要的见解，阿普西曾强调，刚刚出现的产品和服务看上去很出色，可是人们很快就对它们熟视无睹了。“人是地球上最难以捉摸的，只有人类才能始终超出人类的预期。”阿普西说，“你设计一款精巧的手机，人们买回去，然后它就没什么稀奇的了，它只是一部手机；你开了一家很漂亮的店，我第一次走进去的时候印象深刻，去了几次之后，也就觉得索然无味了，它只是一家店而已。如果你想创造某种让人兴奋并且不断进步的东西，必须充分运用人类的精神。管理者必须问自己：我们是应该单纯地推动产品的销售，还是更好地鼓舞自己的员工？”

04

赢得同盟比掌控权力更重要

能够激发普通人做出优异的贡献、
领导者非常谦逊的组织，才能取得最突出的进步。

第七章

独具慧眼是一种生活方式

“我们重视碰撞胜过便利”

即使谢家华整天夸耀自己聪明能干或者炫耀自己的财富与声望，也是可以被原谅的。作为在线售卖鞋和时尚产品的 Zappos（扎珀斯）的首席执行官，在以超过 10 亿美元的价格将 Zappos 卖给亚马逊之后，他依然管理着这家公司。在互联网上，Zappos 稳居最受欢迎、最成功的消费类品牌之一，谢家华也位居财富榜。众所周知，Zappos 总部位于拉斯韦加斯，是谢家华在数字时代取得的第二项重要成就。1999 年，他以 2.65 亿美元的价格把自己的第一家公司——名为 Link Exchange 的互联网广告公司卖给了微软。Zappos 在推特上有将近 300 万名关注者，还有难以计数的客户对它的产品感到满意（公司每周要处理的订单有上万个），公司账户上有数亿美元。无可否认的是，谢家华非常聪明，敢在品牌、客户服务和企业管理等领域引领潮流，尤其是他采用的备受争议的“合弄制”。这种组织模式取代了传统的等级制度，将权力分配给组织的不同层级。

在一个特别的星期二下午，谢家华既没有清点自己的现金，也没有去调整 Zappos 的领导层。相反，他正指着 23 层的公寓里一面看上去乱七八糟的墙，解释贴在上面的近 200 张便利贴。上面是员工、朋友、商业伙伴和像我这样心怀好奇的游客们的希望、梦想和建议。这面墙只暴露了谢家华最不寻常的冒险中微小的一部分。他通过“老城区项目”投资 3.5 亿美元，意在打造拉斯韦加斯周边那些陷入长期萧条和困境的地区的未来。同时，这也很可能会重新改变当地的管理模式，改变整个公司乃至整个社区的观念，使人们开始思考自上而下的领导和自下而上的创新之间的关系。

这个高风险的投资项目，引起了社会各界关注。Re/code 网站评论它是“美国境内打造 21 世纪理想城市最富有野心的实验”。Re/code 由沃尔特 · 莫斯伯格和卡拉 · 斯威舍联合创办，很有影响力，他们对谢家华的项目心存怀疑。《连线》杂志发表了一篇深度评估报告，相对要乐观得多，它描述了“老城区项目”的蓬勃生机，“兼具火人节（一个组织发起的反传统的狂欢节）理想化的充满艺术气息的社群主义和 21 世纪数字时代的勇往直前的精神”。[1]

实际上，“老城区项目”比整体上描述的要复杂得多。项目的启动要回溯到 2012 年。Zappos 发展迅猛，位于内华达州亨德森市的总部大楼距离拉斯韦加斯大道约 24 千米，已坐不下日益增多的员工。谢家华意识到，他得找一处新的办公地点，或者自己建一栋楼。于是他遍访那些明星企业的总部（耐克、谷歌、苹果等）寻找灵感。一路所见给他留下了深刻印象，也让他感到困扰。在这些公司总部，这些象征着创造力的殿堂中充满了令人兴奋的想法和非常有趣的人，但这些公司的总部都很封闭，这种封闭阻碍了公司内部员工与外界的交流。总部区域“对于员工来说确实很出色”，谢家华得出结论，不过它们“真的很孤立，没有与周边的社区结合起来，更没有为周边的社区做出贡献”。

如果 Zappos 建造一栋全新的总部大楼会怎么样呢？他设想公司附近的艺术家、电脑迷和企业家是否也能参与到公司中来——尽管他们不是 Zappos 的员工，但也能够给公司带来难以预见的活力和创新，从而推动公司发展。Zappos 的总部依然配备各种硬件设施，不过它更像纽约市中心格林威治村的纽约大学社区。正如谢家华所说，在那里“你无从分辨哪里是起点，哪里是终点”。相较于紧闭的大门和密不透风的安全性，他更想打通 Zappos 总部和周边环境的边界，“通过与社区的紧密联系，创造一个世界上最以社区为中心的公司”。人们无须成为 Zappos 的一员，就能成为这个环境中的一分子，不必加入公司也可以作为同盟者帮助公司取得成功。

这听起来很简单，却是一个令人费解的想法。谢家华从战略和创新的角度出发，不在乎商业机密和专利技术的泄露，却更担心公司活力与生机的丧失。索尔·卡普兰是业务创新工作坊的创始人，该公司主要关注战略和创新能力。他指出，制定战略的过程可不仅仅是用 5 年计划填满 3 个活页夹而已。它涉及的是鼓励“各种不同寻常的想法的碰撞”，创造条件让有趣的人进行互动，从而碰撞出各种关于未来的意想不到的洞见。“当人们偶遇并分享彼此的想法时，就会有最好的东西出现。”谢家华说道。他得出结论，实现这些目标的最佳方式就是拥抱意外收获，并将其作为一种领导风格和生活方式。

于是，新的总部大楼就和“老城区项目”结合在一起了。后者独立于Zappos之外，它是谢家华所设想的公司未来的一个核心部分。只用寥寥几段或几页文字很难概括出“老城区项目”将带来的色彩、活力，以及几乎不加掩饰的无政府主义。谢家华的目标就是要为弗里蒙特东区吸引到数以千计的新住户，在此启动数以百计的新业务。当时Zappos已经买下拉斯韦加斯前市政厅作为总部大楼。这栋大楼年代久远，早就计划要搬空。经过翻修，2013年9月，Zappos搬进了新园区。（盛大的开幕式中最有特色的是世界上最长的剪彩彩带，约1 600米长。充分展现了谢家华对于戏剧性效果的追求。）

早在新总部大楼正式办公之前，谢家华就启动了一场自下而上的活动，为总部大楼周边的城市景观注入活力。他投资2亿美元买下周边24.28万平方米范围内的物业，包括酒店、公寓、酒吧和餐厅等上百幢建筑。他设立专项基金，分别花费5 000万美元资助高科技创业公司，5 000万美元资助社区的平价商店和当地的企业家，还有5 000万美元用来资助文化和艺术活动。他建造了市中心的集装箱公园，翻新的集装箱像乐高积木一样被堆放在一起，打造了一个共享的社交空间，很受年轻人的喜爱。这些金属容器曾经装满了来自中国的电子产品和日本的汽车，如今却变成了艺术画廊、面包房、精品店和餐厅，餐厅供应的食物有炸玉米饼、烧烤和美味的晚餐等。集装箱公园里还有一个约10米长的滑梯。这是我选择不去体验的景点。

除了建筑之外，“老城区项目”还有精心设计的基础设施，为公共活动和社区聚会提供良好的环境。这里每个月都会举办技术活动，电脑迷和手机应用程序开发者在这个活动上展示他们的技术。同时，这里也会举办时尚周活动，邀请设计师和大家分享他们在服装、家具和网站等方面的看法，通常设计师们还会和活动参与者一起在被称为“缝纫车间”的创客空间中进行合作。对于那些不住在弗里蒙特东区的风险投资人、企业家和技术迷，谢家华则鼓励他们定期来到这里，每个月都在这里待上一周，担任当地创业企业的导师和顾问。

与此同时，谢家华还买下了位于弗里蒙特街和拉斯韦加斯大道交汇处的一个会场。重新装修之后，更名为“灵感剧场”。这座漂亮的剧场举办过各类演讲和研讨班，巡演的艺术家、商界领袖和其他知名人士都曾在这里留下踪迹。相比之下，“学习村落”则是一个没那么炫目的会场，这里主要面向社区团体和社会活动人士，谢家华支持他们在这里举办一些培训和教育课程。最能展现拉斯韦加斯活力的，是每年一度的“美丽人生”节。这项活动覆盖 11 个街区，持续 3 天，吸引了 10 万多名参与者，史提夫·汪达、杜兰杜兰乐队、梦龙乐队和史努比狗狗都参与过这项活动。

制定战略的过程可不仅仅是用 5 年计划去填满 3 个活页夹而已。它涉及的是鼓励“各种不同寻常的想法碰撞”。

谢家华在描述拉斯韦加斯“老城区项目”时说，“整座城市就像一家创业公司”，他喜欢这样的比喻。另一家总部设在弗里蒙特东区的初创公司的首席执行官的描述要生动得多：“想象一下吧，华特·迪士尼在运营硅谷，每个人就像生活在《欢乐酒吧》里面一样。”事实上，谢家华的想法更多地受到一位哈佛大学教授的影响，而不是迪士尼。这位教授名叫爱德华·格莱泽，他在《城市的胜利》一书中高度评价了社会组织在现实世界中发挥的作用，而这正是谢家华试图在拉斯韦加斯实现的。在格莱泽看来，使城市成为“我们最伟大的发明”的原因，不是这些被人抱怨的城市生活特征。城市生活喧嚣、凌乱、拥挤、奢侈，城市生活也恰恰因此而生机勃勃、充满活力。

“卢梭曾说过‘城市是人类的深渊’，不过，他的思想完全落后了。”格莱泽评论道，“城市鼓励人们合作，使得人性散发最耀眼的光芒。因为人们从其他人身上学到了非常多的东西。我们身边的人越多，我们学到的东西也就越多。高密度的城市创造了源源不断的新信息，这些信息来自他人的成功与失败。在大城市里，人们可以选择与自己志同道合的伙伴，就像莫奈和塞尚在 19 世纪的巴黎遇到彼此，贝鲁西和艾克罗伊德在20世纪的芝加哥相遇一样。城市让观察、倾听和学习变得更容易。”[2]

谢家华的成功为格莱泽的论点提供了商业方面的论据。“我们重视碰撞而不是便利，”在某次回顾“老城区项目”背后的战略逻辑时，他这样说道，“我们要成为全球合作、共享的中心。别把 TED（环球会议名称）或者是‘西南偏南’音乐节仅仅看作一场活动，这是一种生活方式。我们要转变思想，从关注短期投资回报率转向关注长期回报率，以及运气回报率。”[3]

谢家华非常看重碰撞产生的力量，这么说没有一点夸张的意思。他认为，如果他能够为占地约 24.28 万平方米的社区吸引 1 万名新住户，他就能够创造出一种生态系统。他喜欢做的练习之一，就是计算他自己会有多少次碰撞。谢家华估计，每天他会跑出去在弗里蒙特东区转悠，一周 7 天，每天三四个小时，也就是“每年有 1 000 个小时的碰撞时间”，这就意味着各种各样的机会，结识新朋友，为他人穿针引线，倾听那些值得鼓励的想法，了解时尚、软件和网页设计方面的新趋势，把握其他种种“偶遇的机会”。

在不到几年的时间里，这些碰撞和相遇就带来了很多新的业务。有一天，在弗里蒙特东区的节奏咖啡店里，谢家华遇到了一位名叫纳塔莉·杨的餐厅老板。杨在老家成功戒酒后，移居拉斯韦加斯。她曾在几家大型赌场的后厨工作，包括中国澳门美高梅金殿娱乐场、硬石赌场等。不过，她做得都不顺心，正考虑搬回老家。谢家华问她，怎么样才能把她留在拉斯韦加斯。杨描绘了自己心目中餐厅的样子——为当地人供应早餐和午餐。之后，“老城区项目”设立的小企业基金为她提供了资金支持，杨得以开了餐厅 Eat。这家餐厅成了弗里蒙特东区生意最好的餐厅之一——这里也成了一个社区中心。在这个供应虾、玉米粥、特制的带馅煎饼和“杀手烤奶酪”等美味的餐厅里，又发生了更多的碰撞。

事实上，Eat餐厅非常成功，杨的故事也令人振奋，以至美国运通公司甚至专门在2015年奥斯卡颁奖典礼中插播了一则广告，广告名为“从社会最底层到餐厅老板”。而美国运通公司所插播的其他三则广告的主角分别是“灵魂歌者”艾瑞莎·富兰克林、演员敏迪·卡灵和GoPro（美国运动相机生产商）的创始人尼克·伍德曼。“每月一次，我都不得不……拍张照，因为这里的变化太大了。”杨告诉《连线》杂志说，“在这里，变化可不是笑谈。大家听到我说这些，可能会说‘你喝过樱桃味水果饮料’（意即说吹嘘、恭维的话），那我就会说‘对啊，味道真不错’。”（2015年，杨在商业区开了第二家餐厅Chow，主要提供晚餐和夜宵，菜单从炸鸡到中国菜应有尽有。）

三十多岁的杰克·布龙斯坦是文化名人和时尚人士。他也在拉斯韦加斯的商业区经历了很多次碰撞。与谢家华和杨不同的是，他并没有住在当地。他的职业生涯颇具美国特色。1997年，只有18岁的布龙斯坦成为MTV真人秀的剧组成员。后来，他成了男性时尚杂志《男人帮》的一名编辑，并创办了一家名叫Flint and Tinder的服装公司，以美国制造的男士内衣和所谓的“十年连帽衫”而闻名。事实上，Flint and Tinder公司最出名的是在众筹平台Kickstarter上推出了这两个产品系列。这是Kickstarter史上最成功的时尚产品众筹活动（布龙斯坦打算为内衣生产线募集3万美元，实际筹得30万美元；连帽衫项目则筹集到了100多万美元）。

布龙斯坦的知名度和商业头脑引起了谢家华的注意。和许多风险投资公司一样，他也投资了Flint and Tinder公司。最初，谢家华建议布龙斯坦搬到拉斯韦加斯来。不过考虑到布龙斯坦已经和东海岸的供应商及工厂建立的合作关系，这一点并不可行。于是，谢家华转而建议布龙斯坦按期到访拉斯韦加斯。他解释说，因为每个月的第三周是时尚周。布龙斯坦可以在弗里蒙特东区度过这一周，在这一周的时间里，布龙斯坦仍然可以管理他的公司，他可以就众筹技巧和服装趋势发表演讲，可以和那些想聆听产品策略和供应链方面的建议的企业家们开研讨会，也可以以别的方式介入到社区活动中来。谢家华指出，如果布龙斯坦每年在拉斯韦加斯待足12 周，而且每天投入 12 个小时的时间，累计起来就相当于每年有1 000 个小时的“碰撞时间”——就和谢家华的“碰撞时间”一样了。即使布龙斯坦并没有住在这里，也已经成为社区的一部分。

当然，并不是所有在弗里蒙特东区的艺术家、设计师和企业家之间发生的碰撞都会带来积极的结果。在这里起步或者是后来迁入的一些看起来很有希望的创业公司，其命运和世界各地的创业公司一样，最终也可能会失败。“老城区项目”中最引人注目的科技公司是一家名叫 Romotive 的企业，主要生产可由苹果手机控制的迷你机器人。由于无法在当地招募到足够的技术人员，迁往了旧金山湾区。（迁到湾区以后，Romotive 更名为 Stork，从许多名声显赫的风险投资人那里筹到了资金，开发出新一代无人机。）一家名为 Ecomom 的电子商务创业公司从圣莫尼卡迁入弗里蒙特东区。它的创办人乔迪·谢尔曼曾获得 1 200 万美元融资，后来因为资金链突然断裂而自杀。在他死后，他的一位同事在博客上写道：“我们总是处在成就伟大和丧失一切的边缘。我希望，现在……我们可以公开讨论自杀这个问题和创业者所面对的压力。”[4]

我不知道5年或10年之后，“老城区项目”会变成什么样子，也不知道弗里蒙特东区的这些创业热情能够给Zappos带来多大的影响。我也不确定谢家华自己是否了解。我在撰写本书时进行了大量调研，深入了解了相当多的公司，“老城区项目”是我调研的所有项目中最有争议、最大胆的。事实上，在我去拉斯韦加斯拜访谢家华和开始写作本书的间隙，他已经搬离了那间23层的公寓，住进了一辆设施齐备的房车。他将车停在一个新的商业区域，那里到处都是移动房屋。谢家华承认，这里的居住条件没有那么舒适（虽然配有不锈钢器具、蓝牙系统和两台电视），但这里的联系更加紧密。“这是一种不断尝试新想法的过程，”谢家华对《拉斯韦加斯周报》的记者说，“最重要的是，这里没有任何总体规划。”[5]

正是这一点使“老城区项目”具有重要的意义，即使它存在争议。就像任何重要的实验一样，“老城区项目”最终能带来的益处可能不及从研究其成长、演化和偶尔承受的挫折中获得的经验多。就这方面而言，无可否认，谢家华的首创精神意义非凡。他解释说：“最大的赌注就是在一个相对小的空间里，让各种各样的人聚在一起，并确保他们都有合作的意愿。”只要真的致力于关系的建立，“奇迹就会发生”。

“我的工作是搭建舞台，而不是在台上表演”——此时此刻的谦卑

如果说通过我们所接触到的众多彼此千差万别的组织，我们能够学到点什么，那就是出色的表现总是源于异乎寻常的洞察力。简单地说，最令人印象深刻的结果都是由最原始的想法驱动的。

在这样的组织中，谁提出了这些想法，谁就将负责在实际业务中践行这些想法。弗农·希尔对客户服务的特别关注，是驱动首都银行发展的力量，他对细节的痴迷使公司在发展过程中也坚持着这样的企业文化。同样，难以想象如果没有罗伯特·温纳特，林肯大道1111号还会有什么原创的、吸引人的东西。他就是这幢建筑的标签。

不过，领导力仅仅依赖于聪明的大脑、敏锐的眼光吗？这种认知是对的，但有一定的局限性。毫无疑问，从亨利·福特到史蒂夫·乔布斯，再到埃隆·马斯克，在现实中总是会出现那些超乎常人的企业家和令人振奋的拥有创造力的天才。不过，对于绝大多数组织的管理者而言，他们面对的机遇太多，遇到的问题太令人烦恼，即便是最有才华的管理者也无法独自发现问题、解决问题。展望未来，影响力最大的管理者并不是那些下达指令最多或最善于使用权力的人，而是那些懂得如何争取最多盟友的人。毕竟，在基于创意而开展的经营活动（或社会运动）中，每个人都要承担提出新创意、评估新创意的责任。

回忆一下，某个像罗莎娜·哈格蒂这样的麦克阿瑟奖获得者在救助无家可归者时，是如何颠覆自上而下的、投入大笔预算的方法的。

她依靠的是遍布全美的一线工作人员的热情和智慧，他们知道实现目标的方法，那是她靠自己的力量无法实现的。“我们的工作就是，”她说，“找到那些‘积极的不循规蹈矩者’，他们做事的方式和别人不一样。然后再自问，我能从他们身上学到什么。”再回忆一下，莉萨·约罗宁是如何通过让一线员工参与决策的方式，打造了一家快速成长的服务公司的。公司里的普通员工也能够“像利用他们的双手一样利用他们的大脑”，为的是“在常规杀死你之前，先杀死它”。

琳达·希尔是哈佛大学商学院研究领导力的专家。她对机会差距和绩效差距进行了区分。她研究了最优秀的管理者是如何帮助组织完成最具创造性的工作的。为此，在课堂上，她建议管理者转变思想，重新思考工作的性质以及领导力的内在逻辑。“我们的社会对于出色的创新人士有着一种根深蒂固的看法，认为这种人都是孤独的天才，会突然迸发有创造性的洞见。那些管理者受这种看法影响，认为他们的工作就是要提出伟大的创意。然而事实却是，只有当每个人都有机会展示自己拥有的那么‘一点点天才’时，才能实现可持续创新。”随着时间的推移，只有这样才能积少成多，实现更大的创造性。

“只有当那些看上去很一般的人也能做出突出的贡献时，组织才会实现突破。”希尔指出，“如果你想让你的团队完成某些真正具有原创性的工作，差不多可以肯定，你并不知道该怎么办。传统的领导力模型在这里失效了。”在她的著作《如何领导天才团队》一书中，希尔描述了一种新的思维模式。“不要靠自己去设定新的愿景，让创新自己发生。一个能带来创新的领导者要做到的是打造一个环境，一种企业文化，使身处其中的人愿意并且能够通过艰苦的工作来实现创新。”或者就像某个管理者所描述的那样，“我的工作是搭建舞台，而不是在台上表演”。希尔及她的合著者都非常认同这位管理者的观点。[6]

在基于创意而开展的经营活动（或社会运动）中，每个人都要承担提出新创意、评估新创意的责任。

早在十几年前，我就初步了解了这种新兴的领导风格。当时正值第一次互联网浪潮，我遇到一位说话细声细气的加拿大管理者，他叫罗布·麦克尤恩。那时候我正在编辑《快公司》，麦克尤恩则经营着加拿大黄金矿业公司。他的公司颇费周折地在安大略省的红湖区买了一处矿产，距公司总部多伦多西北部约 2 100 千米。红湖金矿是一个没有什么经济发展前景的地方，这里的生产力水平低，工人罢工频繁，名声不佳。不过，它还是显现出某些颇有希望的迹象。地质学家们探测到，这里有丰富的地下金矿，比此前发现的要多得多。储量到底有多大呢？在这块约 223 平方千米的土地上，该从何处开始深挖钻井，然后批量生产呢？这些问题可能成就加拿大黄金矿业公司，也可能毁了它。麦克尤恩解决这些问题时所采用的策略带来了一种史无前例的战略性突破，即使在今天看来，他当时的做法也很前卫。

这位管理者是怎么面对公司生死存亡的时刻的呢？他没有去雇用更多的技术专家来处理数据，也没有坐在指挥中心观察一大堆的地图或者土壤样本。他邀请全世界的人给他出主意——该从哪里开始钻井。他的灵感源自一款开源软件，这个软件中蕴含着一种众人参与的精神。他在网站上公开了公司用 50 年的时间收集到的关于矿产的数据，并附上了可以分析这些数据的软件，任何想分析这些数据的人都可以使用。他组织了一个由专家组成的团队，一起来评估公司征集到的创意，他还设立了一个奖金池（总共 50 万美元），用来奖励那些最佳提案。除了金钱奖励之外，他还向那些提供了优质方案的地质学家和工程师表达感谢，邀请他们出席一个会议，并在众人面前赞赏他们的才华。这个策略的出众之处就在于，麦克尤恩把一大群不知名的聪明人士变成了金矿行业中的小精英。因为他愿意在经济上予以奖励，在专业发展上加以推进，这些人也就愿意为他、为他的公司做贡献。

麦克尤恩把他的创意称为黄金企业的挑战，这种做法震惊了金矿行业。来自 50 个国家的超过 1 400 名“在线勘探人员”下载了数据，递交了 140 余份详细的钻井方案，这些方案非常有创意，远远超过了麦克尤恩自己的团队所能想到的，为此，他们重新勘测了金矿，并改组了公司。后来，红湖金矿成为全球最高产的金矿之一，共开发出约 187 吨矿石，只需要很低的成本就可以从这些矿石中分离出金子。至于加拿大黄金矿业公司，得益于在这块曾经麻烦重重的矿产中获得的高额收益，再加上一系列高明的收购，已经成为世界上最富有的矿山企业之一。在 12 年内，它的股票价格猛涨了 30 倍。在同一时期，它的业绩超过了股票市场鼎鼎大名的微软和伯克希尔·哈撒韦等。[7]

说到底，从加拿大黄金矿业公司的挑战中所能学到的最重要的经验与技术无关，我们学到的是谦逊的价值。作为管理者，麦克尤恩足够坦诚，承认他和他的主要团队没有足够的资金把握住关键的机会，而这关乎公司的生死存亡。正是因为他愿意让那些并非他的雇员却愿意为他工作的科学家和工程师们充分发挥创造力，加拿大黄金矿业公司的金矿才变得这么有价值。他很好地展现了琳达·希尔所说的管理的精髓——搭建一个舞台，让别人在台上表演。

埃德加·沙因是美国麻省理工学院斯隆商学院的荣誉教授，以研究领导力和企业文化著称。他曾经花费几十年时间研究究竟是哪些特征造就了伟大的管理者。他反复提及的一个非常特别的品质就是谦逊。在《谦逊的问讯》一书中，他探究了“那种高洁的品质，即宁要不耻下问，不要发号施令”。他指出有三种不同类型的谦逊：第一种是“在长辈和名人面前的谦逊”，这是社会生活的基本部分；第二种是“面对那些令我们肃然起敬的人，我们感到谦逊”，这是职业生涯的标准组成部分；至于第三种类型的谦逊，他称之为“当下的谦逊”。这一点在商界最为罕见，也与那些有意愿做出伟大业绩的管理者最为相关。

什么是当下的谦逊呢？“它是一种当我仰仗你时的感受，”沙因解释道，“因为你拥有某种学识和能力，而这是我完成某些挑战、达到某些目标所需要的。在这种时刻，我的地位就低于你，因为我在此时仰仗着你，我不得不谦逊。但我还有别的选择，我可以放弃那些使我不得不仰仗别人的任务，或者我可以否认我仰仗别人，这样做当然也就不可能得到帮助，也就无法完成任务。不幸的是，人们往往宁愿失败，也不愿意承认他们对别人的依赖。”[8]

为什么领导者宁愿失败，也不乐意在当下保持谦逊呢？这本来有助于他们取得成功。因为在一种盛行“制胜法宝”和“一人高高在上”的文化中，管理者们“理所当然地认为，发号施令比不耻下问更重要”。沙因指出，“询问会暴露出无知和虚弱。人们看重的是学识，所以迫切地告诉别人我们知道什么，这差不多成了一种自动反应。因为在大多数情境中，我们已经养成了这样的习惯”。沙因曾经问过学生，对于他们来说，被提拔到管理层意味着什么。“他们毫不犹豫地说，‘那意味着我能告诉别人该做什么’。”当然，沙因警告道，“在这一信条中包含着危险但是不容易被发现的假定，即一旦某人被提拔了，他就自然会知道该做什么。如果一位经理去问某位下属：‘我们应该做什么？’这会被认为是放弃了权力，没有做好经理的工作。如果你是一名经理或者一个管理者，你就应该知道做什么，或者至少得表现出知道该做什么。”

沙因呼吁一种新的领导风格，这听起来让人松了口气。因为它带来了一种解脱，由此可以摆脱那种“什么都得知道”的观念。长久以来，它被认为是领导力的核心部分。“人们深信，不是赢就是输。”他写道，管理者当中有一种“默认的假设”，即“不变的本质就是竞争……相互合作、共赢的想法不在我们的考虑范围之内”。沙因希望管理者们能够接受的正是这种观念。他指出，谦逊和雄心勃勃之间并不矛盾。恰恰相反，作为实现雄心勃勃的目标的助益，谦逊对于那些身处广阔的未知领域而又梦想取得伟大成就的管理者来说，才是最有效的、最可持续的心态。

加里·哈默尔是过去 20 多年里最有影响力的管理学家之一。他指出，在未来，由谢家华、罗布·麦克尤恩这样的管理者开拓的新视野会成为通则而不是例外，它会重塑组织运作的核心逻辑。对于某些类型的公司来说尤为如此。他说，那些试图以不同寻常的观念引领其组织的管理者必须敞开胸怀，乐于接受这种新的逻辑，即组织运行的每个层面都会有好的想法产生。这种“后官僚时代的现实世界”与其说是立足于绝大多数公司奉行的“久负盛名的管理实践”，倒不如说是立足于互联网的“社交氛围”。后者决定着一家企业及其管理者对于有抱负的员工和公司外部的合作者来说是否有吸引力，究竟是应该“加入”还是选择“忽略”。

谦逊和雄心勃勃之间并不矛盾。恰恰相反，作为实现雄心勃勃的目标的助益，谦逊对于那些身处广阔的未知领域而又梦想取得伟大成就的管理者来说，才是最有效的、最可持续的心态。

后官僚主义的组织及其管理者有哪些重要的品质呢？哈默尔认为，首先，所有的主张都是在开放的基础上提出的，“人们选择是否支持某个主张是基于它的优点，而不是因为其支持者的政治权力”。更进一步说，贡献比证书更有说服力。“职位、头衔、学位，这些通常导致身份差异的因素没有多少意义。”重要的是，资源是被吸引来的，而不是被配置的。“人们会为了那些有吸引力的（也是有趣的）想法和项目而努力，会逃避那些没有吸引力的想法和项目。”作为高级管理者的任务是服务而不是指挥。“可信的论证、专业的表现和无私的行为是他们完成工作的标杆。”最后，也许最有教育意义的是，权力来自分享，而不是设置屏障。“为了获得影响力和地位，你就得和别人分享你的专业技能。”哈默尔又说道，在互联网上，“没有人能够毁掉一个好的想法”“每个人都能够贡献自己的力量”“你可以选择你的事业”“优秀的人总是会赢（平庸的人则不会）”“做出重要贡献的人会得到认可和赞扬”。他继续说道，“领导者所面临的挑战就是要创建能够体现这些原则的组织。”[9]

“不是由你来决定我们是谁，而是由我们自己来决定”——老派组织中的新浪潮领导

我并不是说每个管理者都需要践行这种新的领导风格，它立足于一种“当下的谦逊”，以及由“不同寻常的想法的碰撞”带来的创意——比如像谢家华那样天马行空、像采矿业创新者罗布·麦克尤恩那样勇于打破传统，或者是像深受脸书工作风格影响的应用程序开发人员那样不拘形式，对同龄人之间的交流非常敏感。即便组织有着不同的历史和文化，管理者和创业者有着不同的个性，但真心接

纳集体智慧所带来的强大能量，承认解除束缚远比施加控制更重要的观念，足以重塑领导力与成功的逻辑。你不需要过那种不同寻常的生活，或者成为某个时代的代表性人物就能明白，最好的创意可能会在最出人意料的时候出现，而能够尽最大努力抓住这些创意的领导者，才能够取得最令人瞩目的成就。

Fastenal（快扣公司）是一个很有启发性的个案，让我们看看它长期以来所取得的出色业绩吧。若干年前，《彭博商业周刊》在全美搜寻自 1987 年 10 月股票崩盘以来 25 年中表现最好的股票。最终，他们发现的这家企业既不在硅谷的苹果园区，也不在华盛顿雷德蒙德的微软总部，更不在内布拉斯加州奥马哈县的伯克希尔·哈撒韦公司的总部，而是在 Fastenal 的总部。Fastenal 的总部位于明尼苏达州一个安静的小镇威诺纳（Winona），地处密西西比河的岸边，距离东南方向的双子城有两小时的车程，距离西边的密尔沃基有四小时的车程。威诺纳被民间称为“美国花窗玻璃之乡”，此外，它最出名的大概要算女演员薇诺娜·瑞德（Winona Ryder），她实际出生在邻近的奥姆斯特德县，却以该镇的名字命名。

这家表现卓越的公司究竟从事的是哪类充满魅力的、高收益的、前沿的行业呢？软件、生物科技，还是航空航天？都不是！它是全美工业材料（螺母、螺钉，还有切割工具、安全设备、照明工具，以及各种专业材料）最大的、最重要的批发商，所生产的产品广泛供应给工厂、矿山、建筑工地和其他机构。换句话说，无论是大型建筑公司、小型建筑承包商、石油钻井公司或者汽车制造厂，为了完成某项工作或者让一台机器保持运行而到处搜寻奇形怪状的螺钉或者专业配件时，都会首选Fastenal。即便你要找的零件已经停产，或者你需要的某个物件根本不存在，Fastenal也能为你生产出来。它在全球设有11家工厂，可以制作从紧固件到用于极地能源开发、采矿业和制造业的专业配件，满足市场上的各种需求。正如它所宣称的那样，“我们使不可能成为可能”。

Fastenal基本不会出现在公众的视野当中，不过对于消费者的日常生活而言，它其实是不可或缺的。它的规模非常庞大，有2 700家店，雇用了数千名员工，门店遍布美国最大的城市和工业中心，还有一些门店开在比威诺纳镇还要偏僻的乡村社区。它的在线销售目录提供数以万计的不同种类产品。Fastenal还在工厂、五金店和建筑工地投放了超过6万家“全自动自助店”，即高科技的零售机器，销售各类切割设备、安全器材和其他工业材料和设备。简单地说，它就是一个配电室，经济发展过程中的每个环节都少不了它。

它的产品非常多元，并通过数量巨大的实体店和网店进行销售，它比这一行业中其他公司拥有更多的销售渠道。这种无所不在，带来的结果就是势如破竹般的业绩表现。据《彭博商业周刊》报道，在黑色星期一之后的25年内，Fastenal的股票上涨了38 565%。相比之下，微软则上升了1 000%（当然也非常出色），苹果则是5 542%。当然，没有哪只股票会一直上涨。最近几年，随着全球范围内建筑行业产值增速大幅放缓和能源行业价格的急剧下跌，Fastenal的股票也面临很大的压力。虽然如此，但如果某个投资者在

1987 年 10 月，以 1 万美元买进 Fastenal 的股票并始终持有的话，到 2015 年 10 月卖出，他将拥有 300 万美元。1987 年 8 月，公司 IPO 时有 250 名雇员，年收益是 2 000 万美元。到 2015 年底，它的员工超过 1.85 万名，年收益为 37 亿美元。[10]

在这样一个不起眼的行业拥有如此惊人的业绩，其背后的经验至关重要，这也是本章的核心内容。我前往明尼苏达州的威诺纳镇，想搞清楚 Fastenal 成功的秘诀。在第一次深度访谈中，我接触到了李·海因和加里·波利普尼克。他们都是公司的老员工，一路升迁到高级主管。他们都是在 20 世纪 80 年代中期进入公司的，当时 Fastenal 还没有 IPO，员工一共只有 50 人，在几家店里工作。他们两人的工作地点不停地变化，从一家店到另一家店，从一个地区到另一个地区，最终都升到了高级管理层。2016 年 1 月，波利普尼克成为公司电子商务业务的执行副总裁，海因在担任一系列高级管理职务后担任销售部门的高级执行副总裁。

Fastenal 成功的关键是什么呢？有什么是我这样的局外人初次发现这家公司时所无法理解的？“对我来说，最重要的就是人，”海因回答道，“要让员工释放出热情，进而自我激励，他们将做得比别人期待的更好。这是一种思维模式：要像老板那样经营你所在的企业。如果你相信员工能够解决问题、制定政策，那就放手让他们去做吧。然后奇迹就会发生。这就是我们公司成功的关键。”

换句话说，Fastenal 的一线员工释放出来的活力和能量，就像它所拥有的仓库和货品一样重要。毫无疑问，这家公司充满了能量和生机，它是全美（乃至全球）很有影响力的批发商。依靠自身，它生产出越来越多的产品，并把这些非常专业的（往往也是收益很高的）产品卖给世界上最需要它们的客户。与此同时，Fastenal 还具备高度去中心化和自治的精神。在它所拥有的 2 700 多家店铺中，每一家都是独立经营的，都有明确的领导者，自负盈亏，且每一名基层员工都对公司的发展和服务充满热情。它还引以为豪地保留着一种过时的企业文化：在大学生中招募员工，他们当中的许多人开始是兼职；给予老员工奖励；从零基础开始培训员工进行销售和服务。

“我们是从零开始的，靠的是成千上万人的行动和决策。他们就像老板一样经营业务。他们会工作到很晚，想的是如何服务好下一个客户，如何完成下一项工作。”海因解释道，“而我想要的是，永远和一种类型的人在一起工作。他们不会停留在某个点上，在这种环境里，你得不断地向前，一直学习，了解新的（市场）范畴，不过在这里总是有机会的。”

“要像老板那样经营你所在的企业。如果你相信员工能够解决问题、制定政策，那就放手让他们去做吧。然后奇迹就会发生。”

总而言之，在 Fastenal，你遇到的人都有着一种平静而又热切、热切而又坚定的态度，美国麻省理工学院斯隆商学院教授埃德加·沙因认为，在这个群体中触手可及的是雄心和谦逊的结合。这既不同于硅谷那种傲慢，也与华尔街金钱至上、唯我独尊的价值观迥然不同。事实上，在 Fastenal，雄心位居 4 个核心价值的首位，包含 5 个相关的特征：进取，“拥有坚持不懈地完成与工作相关的目标的态度”；信心，“相信自己的能力”；充满活力，“对工作充满激情”；激励，“发自内心地希望做到最好”；自立，“以一种坚定且独立的方式完成任务或者工作”。正是这些算不上新潮的价值观，在市场竞争中帮助 Fastenal 取得了其他公司难以企及的优异成绩。

“对于刚刚加入公司的新员工来说，最难以理解的就是这种文化。”波利普尼克说，“我们需要的员工应该有常识，有强烈的职业道德意识。他们愿意学习业务，了解我们的客户，愿意想办法低成本地解决眼前的问题。我们自认为是一家蓝领销售公司。如果我们的员工干得不错，客户就会说，‘这家伙比我还了解我的工作’。我们不在乎你在哪里读的大学，我们在乎的是学校不会教给你的东西——智慧、悟性和企业家精神。”

事实上，Fastenal 自己创办了一所学校，教授专业技能、销售技巧和服务意识，这正是它自下而上的企业文化的根基所在。1999 年，化学博士彼得 · 吉丁创办了 Fastenal 商业学校，当时只有几门关于销售和服务的基础课程。如今，学校有 39 名导师，20 所分校，300 多门不同的课程——从 10 分钟的在线学习课程，到一周或者两周的项目（一如既往，Fastenal 自己设计和开发了所有课程）。为了帮助销售人员和客户建立起更密切的关系，学校甚至设计了焊接和金属加工方面的基础课程。2014 年，全公司有将近 9 000 名员工在学校学习了课程，参与在线课程的有 28 万人。Fastenal 还出版了一本书——《客户服务小蓝书》，提到了诸多与客户打交道的至理名言，是读者心中的经典之作。

“许多人都希望别人来告诉自己要做什么。”彼得·吉丁说，而Fastenal商业学校的课程宗旨则是“对人们的潜力充满信心。在公司上下鼓励去中心化和尽可能多的员工自主性”。

这种自下而上的方法随机应变且可塑性强，在Fastenal内部打造出一种文化，使其成为一个有趣且令人耳目一新的组织，一家高度灵活又有纪律性的公司。它也反映出了一种战略性思维，Fastenal的领导者们依靠这种思维，开创了公司的业务。时间要回溯到1967年，以罗伯特·科尔林为首的5名创业者合作开设了一家占地约93平方米的商店，销售螺母和螺钉。（第一家店现已成为公司的博物馆。）科尔林是公司首位且任职时间最长的首席执行官，是威诺纳镇的传奇人物。他们等了足足一年，才在邻近的罗切斯特开了第二家分店。罗切斯特是举世闻名的梅奥医学中心的所在地。到1987年IPO的时候，Fastenal还只有50家分店，全部集中在中西部、北部地区。之后，即便公司规模越来越大，已经开始冒险涉足非紧固件领域的业务（紧固件业务的收入占公司总收入的40%），这家公司也从未通过大型收购或者高风险运作的方式推动业务发展。它只是通过开设一家分店，增设一个产品目录，拓展一类客户的方式不断进步。我与友人联合创办的《快公司》杂志，从成立之初就关注那些快速发展的企业，但仍为这种缓慢、坚定且有条不紊的增长方式带来的出色业绩而感到震惊。Fastenal的成功是以普通员工的自主性为基础取得的。就像约翰·杜尔在硅谷投资众多的“传教士型”创业者那样，Fastenal经营其业务的方式更像是跑马拉松，而不是短跑。

“紧固件产品是我们的第一个突破，”海因告诉我说，“我们拿下紧固件业务，干得很出色。接着我们又拿下了清洁用品业务。这样一来，我们的业务越来越多。我们会说：‘瞧，我们还能供应手套、防护眼镜、切割工具、焊接材料。’如果客户需要一个在其他商店都找不到的螺母，我们就会给他做一个，我们可以通过这种方式拿下更多的业务。如果你能够帮客户做一个他在其他地方买不到的配件，如果你能让一个已经歇业两天的矿井重新运转起来，那可就大不一样了。我们非常了解客户的业务——他们花费多少经费、他们如何提高效率等——他们不会考虑把业务交给别人。”

公司历史上有一次真正意义上的“百米冲刺”，即改变以往的游戏规则，引进自动售卖机作为销售渠道。但在这种做法中仍能感受到那种马拉松长跑式的思维模式。最初的“业务方案”是由鲍勃·科尔林匆匆写在一张纸上的，这张纸如今陈列在公司的博物馆。这张纸上面简述了科尔林打算放在威诺纳镇周边地区的工厂和商店里的自动售卖机，它们可以在客户需要的时候售卖螺母和螺钉。差不多50年后（技术已经更新了好几代），Fastenal有1/3的业务都是由这些自动售卖机完成的。值得注意的是，这些机器不会减少客户与Fastenal之间的业务往来。由此，Fastenal创造了一种更深入、更多样的解决问题、销售产品的方法。

这就很好地解释了为什么Fastenal是一个反应敏捷的行业巨

头。它摒弃了绝大多数公司在制定战略和文化时“非此即彼”的做法——不是目标过于宏大就是过于谨慎；不是只提倡高科技，就是只注重发展传统工艺；不是过于激进，就是因循守旧——Fastenal 更欣赏“二者兼具”的思维模式，既倚重员工的热情和创造力，也同样保持敏锐，关注实体店铺的同时也推广自动售卖机。我真心希望有越来越多的组织和管理者能够少被他们所掌控的资源所困扰，而是用心搭建舞台，让别人在台上表演。

我试图总结使 Fastenal 在过去几十年取得如此突出的成就的主要原因，海因笑着说，“我们不是一个巨大的组织，而是由 2 700 多家小商店组合起来的大公司。社会上的声音告诉我们，‘你是一家大公司，就得有一家大公司的样子。’对此，我们的回答是：‘不是由你来决定我们是谁，而是由我们自己来决定我们是谁。’在我们所做的几乎每件事情上，我们与社会上的那些声音都是背道而驰的。”

第八章
除非每个人都是赢家，否则没有人会赢
“创造的价值多过你所获取的”

位于英国库克姆的欧迪俱乐部，距离温莎城堡不到30分钟车程，和所有美国游客期待的一样，这里古老、幽静。卢尔布鲁克是18世纪留存至今的庄园（建于13世纪），是欧迪俱乐部的中心。它的客厅和阳台都让人联想起那个崇尚简约的时代的精神。郁郁葱葱的草坪和色彩缤纷的花园无疑经过了一丝不苟的打理，旁边的泰晤士河静静地流淌。这里是天鹅之家，每年7月的第三周，作为5天庆典中的一项活动，女王会下令清点泰晤士河中天鹅的数量（也可以称为天鹅普查），相关人员会把天鹅圈起来，做好标记后再放回河里。这项活动已有900年的历史。1908年出版的儿童小说《柳林风声》被公认取材自这里，其中一个角色的原型就是卢尔布鲁克庄园的租客。

这里有丰富有趣的历史，而如今，他们把所有的目光都聚焦于未来。来自英国两大知名品牌的高管、中层和一线员工齐聚一堂，来这里评估全英最早的商业机构的业绩和未来发展。约翰·刘易斯合伙公司是一家规模庞大并且十分成功的企业，年收入有150多亿美元，利润超过6.6亿美元，有9.4万名员工。这些员工服务于英国最受赞赏的两大零售商约翰·刘易斯百货公司和维特罗斯超市。这两大品牌都通过自身努力与客户建立起了亲密的联系，各自都有关乎发展和转变的长远计划。

1864年，约翰·刘易斯百货公司的第一家店在牛津街商业区开业。这家店铺现在成为约翰·刘易斯百货公司优雅、先进的旗舰店。此外，百货公司还拥有42家店铺和一个发展迅速的在线平台。（最初的牛津街店在二战中被德国的轰炸机炸毁。）1904年，维特罗斯超市开始营业，当时它只是伦敦西部的一家小杂货店。1937年，这家杂货店被约翰·刘易斯合伙公司收购，现已开设336家超市和便利店，因高质量的产品和人性化的服务而享有盛誉。事实上，早在2002年，维特罗斯超市就成了第一家女王伊丽莎白二世给予皇家认证的超市，为英国王室供应食物、葡萄酒和烈酒。2010年，该超市获得查尔斯王子的皇家授牌。这是两个分量十足的背书。

不过，约翰·刘易斯合伙公司能够如此卓越，成为英国（也许是全世界）独一无二的公司的真正原因是这家公司对员工百分之百的信任。这里没有股东要求得到更高的收益，没有对冲基金公司贪婪地收取管理费用，也没有高管试图寻找令股价上涨的快速方式。9.4万名员工都被视为公司的合伙人。他们可以基于公司的业绩拿到丰厚的年终奖，享受资金充足的养老金计划，并且享有津贴和某些在大部分企业中只有最高层领导才享有的福利（包括进入英国南部有私人海滩的16世纪城堡和北威尔士的一个湖滨俱乐部）。

毫无疑问，约翰·刘易斯百货和维特罗斯超市在各自的领域都是积极的开拓者，它们因极具竞争力的价格、在服务和送货过程中的不断创新以及迅速发展的网络业务而闻名。同时，它们放弃了在零售行业常见的对员工不够友好的工资福利政策，选择与创造财富的每一名员工分享收益。这种合伙形式让公司的盈利能力大幅提升，而且具有一定的社会意义。英国前首相戴维·卡梅伦就曾公开谈论建立“约翰·刘易斯经济”的价值，这是一种“真正包容和受欢迎”的资本制度的形式，越来越多的人在公司中拥有股份并且分享公司的收益。[1]

更值得注意的是，合伙人关系作为一种完善的民主形式，在各个阶层对权力和收益进行分配，让商业组织感觉更像国家。在约翰·刘易斯合伙公司，员工与他们自己选出的代表一起商议大小事宜。约翰·刘易斯合伙公司的民主既不是象征性的，也不是一种思维状态，它是一种管理和治理的系统，在这里，员工可以充分了解公司的财务状况，自由表达观点且不惧怕被报复，以及参与选举董事会成员。公司重视基层员工参与决策，在内部设立了50个全职的“民主教导员”岗位，他们唯一的工作就是增强员工的投入度和参与度。甚至还有一位高管担任独立的巡视官，这个岗位被他们称为“合伙人的顾问”，其首要职责是确保公司“恪守原则”。

“我们将民主视为业务的根本。”简·伯吉斯解释道，她于1975

年加入约翰·刘易斯合伙公司，目前担任“合伙人的顾问”。“就像我们支持销售合伙人，让他们能为客户提供更好的服务一样，民主教导员也支持合伙人，他们为合伙人提供的是民主，确保民主尽可能健全，就像我们确保为客户提供的服务尽可能健全一样。”

在约翰·刘易斯合伙公司，民主的基础是合伙人声音。每两年，每家百货商店、食品店和仓库（共计超过 400 家）都会选出约 10 名员工（总计 4 000 多人）作为门店代表。这些当地的代表们会收集员工信息和意见，与管理者会面并传达员工们对日常工作的想法。民主教导员的大部分时间都花费在这件事情上，教导员工如何让会谈变得更有效，如何让对话达成一致，如何成为门店经理的得意助手。他们也会听取各个门店需要公司协助解决的问题和顾虑。“我们力求门店层面的卓越，”伯吉斯说道，“而且我们似乎通过这种方式提前解决了很多即将发生的问题。”

每三年，来自约翰·刘易斯百货和维特罗斯超市不同门店的员工会选出代表参与论坛，这个论坛是公司在民主推进过程中的更进一步努力。选出的理事会成员处理与约翰·刘易斯百货和维特罗斯超市全体员工相关的事宜。我曾受邀到库克姆参加过一次“合伙人理事会”，它就好像一个完整的国会。被员工们选举出的 66 名代表要对公司的重大策略进行讨论和投票，最后的结果由理事长负责，代表们每两年还要投票决定理事长的去留。终极管辖机构是合伙人董事会，从本质上来说它就是一个董事会。董事会共有 15 名成员，其中 5 人由合伙人理事会选举产生，这样一来，民主就能够进入到组织的最高层。

顺便提一句，有选举就有人参加竞选。而且职位越高，就越像美国或英国的政治竞选。“如果你走进一家商店或某个部门的办公区，而我们正在选举合伙人理事会成员，”伯吉斯说道，“那么你会看到海报，还会看到佩戴徽章的人们在走来走去，并喊着‘请投我一票！’竞选活动不一定是基于某件事，更多的是基于对候选人的信任。”（店内竞选的投票率在70%左右，这里指的是员工中参与投票的人数占员工总数的比例。相比之下，2012年美国总统选举中，只有不到58%的选民投票。）

这种做法可能听上去有些笨拙，或者更直接地说是毫无意义，但自1929年以来这家公司就是如此行事的，而且一直以来的反响都非常好。约翰·刘易斯合伙公司的章程记录了这一切。公司章程包括113项原则，明确了组织的管理方式，包括享受“轻松、有条理但不放纵”的工作状态，“公开、宽容和自由地批评、提出疑问及建议（即使冒着引起公开辩论的风险）”的权利，以及管理层要“意识到在对合伙人关系的需求与合伙人个人生活之间保持平衡的重要性”。[2]

公司章程还制定了选举时间和内部“记者”的职责，甚至要求公司高层在21天内对员工提出的问题（员工可以匿名提出问题）做出回复。最重要的是，章程写明了组织存在的初衷：“合伙人关系的终极目的是让所有员工开心，在一家成功的企业中度过有价值的、令人满意的职业生涯。合伙人共享所有权和收益——包括利润、信息和权力，共同承担责任。”

该章程由约翰·斯皮丹·刘易斯（1885—1963）制定，他是英国伟大的商业预言家之一，也是约翰·刘易斯合伙公司的创始人。斯皮丹19岁时开始在父亲的零售店工作，当时他父亲在伦敦一共有两家店，一家是位于牛津街的现在的旗舰店前身，另一家是位于国王路的名为彼得·琼斯的店铺。然而，这对父子的关系并不是很好，最终分道扬镳。斯皮丹“发现他、他的兄弟和他的父亲赚的钱相当于牛津街店300名员工的总收入”，《每日电讯报》在采访档案管理员加文·亨德森时问及企业历史，他解释道，“斯皮丹认为这种工资上的巨大差异无法让企业持续发展”。“斯皮丹坚信，如果企业要发展，从收发室到车间的每一位员工都必须对工作抱有热情，”《每日电讯报》报道说，“老约翰·刘易斯并不欣赏儿子全新的工作方式，1914年双方达成拆伙协议。”

斯皮丹将自己的股份卖给父亲，接管了彼得·琼斯店，并在店铺里实践了自己的想法。“在他父亲对牛津街店员工实施强硬的管理策略的同时，”《每日电讯报》写道，“斯皮丹则鼓励员工下棋，培养战略性思维，并在1918年推出了一份内刊——《公报》，这份内部报纸允许员工匿名向管理层提问——经理或其他管理层需要对员工的问题做出回复。”彼得·琼斯店的业绩异常可观，比牛津街店好得多。1928年，斯皮丹的父亲去世，他接管了整个企业，并在同年创建了合伙公司，创建公司后的第二年，他制定了公司章程。其他的，就是现在人人都知晓的历史了。[3]

这段历史诞生于10月一个美丽的早晨，并且延续至今。合伙人理事会在库克姆举行会议，议题如往常一样涉及大小事宜，既讨论战略问题（提高食品店利润、努力使管理层更加多元化），也讨论一线员工对公司的不满（对员工优惠的疑惑以及对公司度假区是否像往常一样向大家开放的疑问）。参会人员是此前我提到过的66名由选举产生的代表，董事长查利·梅菲尔德和他指定的3名成员，以及合伙人董事会的15名成员。会议对所有员工和我这样的受邀观察员开放。（被邀请的观察员还有英国工会的官员和英国广播公司的变革管理小组的代表。前者想要目睹工作中的商业民主，后者则希望学习借鉴，为自己的企业注入活力。）这次会议也通过美国一家提供公众服务的非营利性的媒体公司C-SPAN向全英国的分公司直播。

然而，与C-SPAN播出的大部分会议中的辩论不同，与会者在会议上的讨论热烈且无拘无束。辩论最激烈的议题是，公司最近为迎合约翰·刘易斯百货和维特罗斯超市顾客的胃口而推出的产品是否花费过高。理事会成员在辩论中指出，很多一线管理者并没有做好应对重大改变的准备。“合伙人渴望改变，”某位理事会成员说道，“但是我们必须平衡让合伙人满意和成功经营之间的关系。”

这一直是一个重要的议题，7月的理事会议中已提出这个问题，因此，梅菲尔德让人做了一份报告，并在此次会议中公布。该报告提及了许多担忧——组织的创新计划确实过于雄心勃勃；员工和一线管理者20 ∶ 1的目标比率是否能够实现有效控制；在应对店铺里的紧张情况时，员工们流露出“不耐烦”的情绪，解决问题时“坐立不安”，甚至有些理事会成员本身也感到不耐烦，解决问题时也会坐立不安。“如果你已经意识到了这些问题，为什么还要等理事会提出质疑呢？”某位成员向梅菲尔德提出尖锐的问题，“如果你没有意识到这些问题，那你为什么没有意识到呢？”

会议最有趣的部分，至少对我来说最有趣的部分是理事会对梅菲尔德的表现进行投票。2000 年，梅菲尔德加入约翰 · 刘易斯合伙公司，担任业务开发主管，此前他曾担任史克必成公司的高管和麦肯锡公司的顾问。（在青年时代，他曾是苏格兰近卫团的成员，就读于桑德赫斯特皇家军事学院，担任过英国陆军上尉。）2007 年，他出任约翰 · 刘易斯合伙公司董事长，并成为公司内外颇具影响力的领导人。

换句话说，投票结果毫无悬念。但这并未阻止与会人员的激烈讨论，讨论一度达到白热化，某些理事会成员直截了当地批评梅菲尔德，梅菲尔德的拥护者再对批评的观点进行反驳。“我要投反对票。”一位成员在慷慨激昂的发言后宣称。“你对摄像头说了很多。”另一名成员在他坐下后低声说道。之后又有 4 名谈吐优雅的同事发言，这是一个由 5 票反对票组成的小团体，他们这种大胆发牢骚的行为在大部分企业是无法想象的。（在 2015 年 3 月举行的合伙人理事会投票中，梅菲尔德以 100% 的得票率全票通过。）这是约翰 · 斯皮丹 · 刘易斯乐于支持的自由精神的延续，这种精神是使他所创造的事业在其去世后很长一段时间还能不断成长和发展的真正原因。

“我不要求任何人有某种特定的观念，”合伙人理事会的外联主席戴维·琼斯（他的全职工作是维特罗斯超市的供应链总监）在宣布投票结束时说道，“我为你们的怀疑态度鼓掌，这是民主在我们公司奏效的一个实例。作为合伙人理事会的一员，你可以发表任何意见。”

“创造的价值多过你所获取的”——超越赢家通吃的经济学

可能因为我有些怀旧，最近几年，我经常会回想起美国摇滚歌手布鲁斯·施普林斯汀在20世纪80年代中期常说的一句话。在“诞生在美国”的演唱会上，施普龙斯汀明显对华尔街暴富的社会团体与每天在生活中挣扎的歌迷之间越来越大的鸿沟感到愤怒。最后，他以一句话结束了自己的现场表演，但它很快被尖叫声淹没了。“请记住，”他告诉人们，“除非每个人都是赢家，否则没有人会赢。”

30多年过去了，这句简单的话却显得前所未有地重要——尤其对于那些被委以重任，要在探索创新的道路上赢得更多支持的管理者而言。当然，只要有自由市场的存在，平等和效率、创造力和安全性、增长和公正之间的矛盾就不可避免。在当代历史发展过程中，收入、财富和发展机遇的分配从没有像今天这般一边倒。基于共同繁荣和向上流动而长期存在的社会契约，逐渐被经济学家所称的“赢家通吃”所取代。在这种模式下，技能和运气上的小优势导致收入和福利出现持久的、巨大的差距。

“富豪和超级富豪拥有越来越多的收益方面的回报。”雅各布·哈克和保罗·皮尔森在他们合著的极具影响力的《赢家通吃的政治》一书中这样写道，它说明政策使不平等现象变得更糟糕而不是更好。“而其他美国人，从穷人到中产阶层则越来越落后。”[4]

为什么说施普林斯汀的这句话对商业和领导力有重大影响？我们可以从一线工作人员——银行柜员的角度来了解一下赢家通吃的社会。几年前，美国加利福尼亚大学伯克利分校劳动研究中心发表了一篇很有启发性的报告，美国有近1/3的银行柜员有资格申请公共援助，公共援助项目包括食物券、劳动所得税扣抵、医疗白卡或儿童健康保险计划。在纽约州，该数字接近40%。美国约有50万名银行柜员，其中大多数人就职的银行受大萧条以来最严重的经济崩溃影响，得到了大量的援助资金。大部分银行步入了正轨，2013年（该报告发布的年份）的总利润为1 410亿美元。然而，就职于这些银行的柜员的年收入中位数仅为2.41万美元（低于每小时12美元）。这个数字如此之低，以至于纳税人需要支付9亿美元来使他们实现收支相抵。[5]

如果问题不是如此显著的话，这将会是个有趣的话题。这是伴随“赢家通吃”而产生的现象，且存在于银行业以外的众多行业。这种不平等现象的空前爆发，对任何管理者而言都是巨大的经营压力，特别是那些想要通过动员组织内外的盟友来推进改革的领导者。如果领导者不能唤起盟友的共识，又该如何鼓舞员工思考市场中的机遇，做其他人不会做的事呢？如果领导者从创新中获取了不成比例的回报，他们又该如何使员工致力于打造“天才团队”，以及营造一种琳达·希尔极力主张的那种工作氛围，即“人们甘愿且有能力通过创新的方式解决问题”？

蒂姆·奥莱利是互联网领域最具影响力的思想领袖之一，他喜欢说，成功企业“创造的价值多过它所获取的”。换句话说，能从其创造的价值中获取巨额回报的组织，能够唤起从上到下所有人最深层的责任意识的组织，才有机会在市场中独树一帜。

如果领导者不能唤起盟友的共识，又该如何鼓舞员工思考市场中的机遇，做其他人不会做的事呢？

这是硅谷的商业信条。没错，硅谷的初创企业会给所有员工分配期权，以致年轻的互联网富豪的传说都成了陈词滥调，美国 HBO 电视网出品的《硅谷》就呈现了这样的故事。以微软为例，在其 IPO 后 15 年内，就打造出了 1 万多名百万富豪。比尔·盖茨成为历史上的首富之一，数以千计的幸运同事也都分享到了在自己的努力下创造的财富。推特 IPO 后的第二天上午，2 300 名员工持有的期权总价值达 38 亿美元。这意味着他们每人平均持有价值 168 万美元的期权。谁会忘记邦尼·布朗的故事呢？她是一位运气极佳的女按摩师，进入了一家名为谷歌的初创企业，谷歌为她提供了期权，5 年后，她成为百万富翁，建立了一家扶持全世界基督教牧师的基金会。[6]

我并不期待每家企业都可以像创业企业这样运营，把年轻的工程师（甚至一些幸运的女按摩师）都变为百万富翁。但是，微软、推特和谷歌的财富分配逻辑十分适用于硅谷和西雅图的企业。简单来说，当更多的人参与到行动中并在谈判桌上占有一席之地时，企业就会产生更多的想法并创造更多的价值。“许多研究表明，持有公司股份的员工，往往效率更高、更具创新精神，这类企业的员工留存率更高，公司也不会轻易开除员工。”《经济学人》中一篇题为“把工人变成资本家”的文章中如此写道。但是，“这些结论都具有一定的局限性。效果通常取决于员工所持有的股份是否对企业的发展方向有发言权”。[7]

换句话说，“赢家通吃”不仅是一种不可持续的经济发展模式，也是一种不良的企业运营模式。那取而代之的是什么呢？我首先介绍一下十年前的可能性。当时我去威斯康星州绿湾（无论从地理还是文化角度，都与硅谷相差甚远）拜访克鲁格国际，这是一家成立于 1941 年的办公家具公司。理查德 · 雷施于 1965 年加入该公司，并于 1983 年出任首席执行官，当时这只是一家小规模的（年销售额 4 500 万美元）、名不见经传的低端产品（诸如金属折叠椅）制造商。如今，该企业拥有 3 000 名员工，年收益达 8 亿美元，在业界有着很好的声誉。它的主要产品是高端定制家具，专门服务于高等院校、医院以及微软、亚马逊和脸书等前沿技术公司。

雷施向我解释，如果没有所有权结构的转型，克鲁格国际不会在市场中扮演这样的角色。在他出任首席执行官的几年后，他试图将高管小规模控股转变为所有员工控股。（他仍然持有约一半的股份。）这一股权交易让几千名员工变成了公司真正意义上的所有者，可以分享到他们自己所创造的财富。在克鲁格国际，公司赚钱就相当于所有员工都赚钱。

公司确实赚钱了。投资银行家们将克鲁格国际当作上市公司进行分析，制作了一个关于克鲁格国际股价的年度估算。1990 年，公司股价为每股 3.8 美元。到了 2004 年，即克鲁格国际的许多目标市场经历了长期繁荣之后，这家公司的每股价格达到了 27 美元。克鲁格国际 14 年来的复合年增长率接近 15%。这对任何制造业企业来说都是十分可观的成绩，对办公家具这种竞争残酷且价格敏感的行业尤为如此。2015 年，即便经历了全球经济低迷，办公家具行业遭受重创，克鲁格国际的股票仍然保持在每股 43.5 美元左右。与此同时，该公司还将业务版图扩张至印度、中国以及其他发展中国家和地区，这些市场拓展行为都将帮助公司提升股价。[8]

能够唤起内心深处使命感的，是那些员工可以从其创造的价值中获取股权回报的组织。

诚然，没有人会把克鲁格国际的叉车司机与微软的百万富翁相提并论。但无论从物质层面还是从精神层面而言，公司的每一位员工都参与了公司的运营，并共享收益。这就是关键所在。太多的领导者都会说希望员工能够“像主人那样思考问题”，而事实上他们自己仍掌控着成本、质量、服务和产品开发相关的决策权。而雷施所理解的以及他的公司所践行的是令员工拥有主人翁意识最直接的方法——将其变成真正的所有者。他还认为，当员工成为所有者投身于公司的运营中，思考如何将他们制订的短期计划转变为长期价值时，股权的意义显得更为重大。雷施和他的同事们喜欢说他们正在从“古典资本主义”过渡到“社会资本主义”，全公司每个人都参与到公司运营中，并且发挥着重要的作用。

例如，在每个月的第三个星期四，雷施会和约 40 名经理挤在一间会议室里，通过各部门、工厂的实际表现来审查业绩。然后，向与会者分享数据，之后继续向下分享。最后，所有的市场营销人员、设计师和工人都能了解到哪条产品线落后或领先于计划，哪项业务遇到了困难或正在稳步推进，并思考他们能够为项目提供什么帮助。（2015 年 6 月，我再次见到雷施时，他告诉我公司近期刚刚举办了第 500 次如上所述的会议。）

在绿湾拜会过雷施和他的同事之后的几年，我又去了哈特福德以西 20 分钟车程的亚凡（位于康涅狄格州），从另一位制造业的负责人那里听到了类似的话。塞西尔·乌尔施普龙是瑞飞光学有限公司的首席执行官，该公司在康涅狄格州、罗切斯特和纽约都有工厂，在美国之外也有 14 家工厂。公司主要生产用于拖拉机挂车、警车、施工指示立柱和道路施工标志的反光材料。瑞飞光学可能不是一个家喻户晓的名字，但它的产品却是现代社会中随处可见的——闪烁、发光、反光的材料以及其他用于确保人们在黑暗环境中安全工作和行走的产品。

和雷施一样，乌尔施普龙也是进取心十足（就像他喜欢赛车一样，他喜欢勇往直前）的领导者。同时，他也很乐于倾听各级员工的反馈和意见。这是因为在公司取得成功的过程中，这些员工付出了很多很多。每年，根据部门或工厂的业绩，工人们可以在一个名为公司职工持股计划的项目中获得价值相当于自己收入 6%~18% 的股票。其中包括在德国工作的 60 名工人和中国的 100 多名工人。工人可以自掏腰包购买额外的股份和期权，有很多人都这么做了。“我的周围都是老板，”参观技术中心时，乌尔施普龙告诉我说，“这家公司 3/4 的股权都掌握在对业务有直接影响的员工手中。我们对那些不满足于工作本身，而是想要参与到公司经营中来的员工非常有吸引力。”

重要的是，这些员工不仅有机会参与公司经营，他们还有可能决定业务如何运营。他们参加每月一次的员工大会，了解公司财务状况和有关公司经营的最新消息，参与业绩讨论。“当人们总是处于一种轻微不满的状态，当人们总是想把事情做得更好时，他们就会处于最佳状态。”乌尔施普龙告诉我说，“这就是所有权发挥的作用。我能讲出很多事迹，在这里，人们加倍努力地去做那些常规公司里永远不会有人做的事。员工热衷于为公司奉献，尤其当他们意识到自己也拥有公司的一部分时。当员工有机会分享自己创造的财富时，所发生的一切都是引人注目的。”

他们确实创造了财富。瑞飞的公司职工持股计划在 1985 年成型，初始份额为15万美元。到1995年，这些股票的价值已达到2 000万美元。截至2010年，价值已经超过4 000万美元。2011年，乌尔施普龙不再担任首席执行官之后，瑞飞光学做出了艰难的选择，公司接受了德国一家竞争者的收购计划，部分原因在于2007年的经济崩溃以及行业中难以抵挡的并购重组趋势。好消息是该公司卖出了很好的价格，对股东而言是笔好买卖。更好的消息是，普通员工也分享到了这笔“意外之财”，因为他们也是持股者。“公司所有员工，无论在美国境内还是境外，待遇相同，”乌尔施普龙解释道，“当遇到这样的并购重组事件时，这种所有权制度创造了一种社会公平。”[9]

“我们同乘一条船”——个人问责制，集体认同

威斯康星州绿湾和康涅狄格州之旅，让我发现了一些与硅谷里那些保持狂热风格的公司不同的组织，也发现了让普通员工参与公司经营且有一定程度的话语权会起到什么样的效果。但直到拜访了以上两家截然不同的公司后，我才开始意识到，“赢家通吃”这种风气是可以被替代的。

我首先去了英国，拜访了约翰·刘易斯合伙公司。这是一家值得被记住的公司。它在英国是一个家喻户晓的品牌，年销售额达150亿美元，拥有近10万名员工。公司的运营不仅建立在草根参与（或者说是慷慨的股份所有权计划）的基础上，公司还将员工的发言权、投票权以及分享收益权写入公司章程。这些承诺既让公

司的高层领导者更加谦虚谨慎，同时也让一线员工更有抱负和奉献精神。

公司章程最生动的体现就是每年3月，公司会大张旗鼓地当众宣布所有员工将获得的年度奖金。（奖金总额基于公司的年利润，每位员工会基于自己的年收入获得一定比例的奖金。）维特罗斯超市和约翰·刘易斯百货的员工齐聚牛津街的约翰·刘易斯旗舰店，门店经理倒数计时后，公司合唱团开始倾情歌唱。2014年，公司的奖金比例为年薪的11%，相当于员工可以多获得近6个星期的额外工资。说实话，这个结果不尽如人意，因为维特罗斯超市的利润拖了后腿。（《泰晤士报》在公司宣布年度奖金比例之前发出过警告，合唱团“可能没有办法倾情歌唱”。）上一年的奖金比例是较为稳健的15%（合唱团倾情演唱《在阳光下漫步》庆祝这一时刻），这个比例曾一度高达24%，相当于13个星期的额外工资。无论奖金引来的是嘲讽、欢呼、叹息还是歌声，每个人都明白它的计算方法、明白它对自己而言的意义以及公司的经营情况。[10]

不过，约翰·刘易斯合伙公司员工大会的意义更在于赢得员工对共同事业的认同，而不是庆祝拿到更多的奖金。就高层管理者而言，公司章程制定了严格的条款以限制首席执行官的奖金。以下是第63条的内容：“基于时薪计算，薪资收入最高的合伙人的收入不得超过非管理层合伙人平均收入的75倍。”2014年，查利·梅菲尔德的薪资是非管理层合伙人平均收入的66倍。无可否认，这已经是很丰厚的收入了，但与其他企业的首席执行官相比，可谓天壤之别。以美国的上市公司为例，首席执行官的平均收入是普通员工收入的300多倍。

约翰·刘易斯百货和维特罗斯超市似乎更愿意给一线员工增加工资，而不是让他们以低薪资去申请公共援助。有一次，合伙人理事会开会的那个星期，英国政府正在全国推行适度提高最低工资的计划。就当时的情形来说，这是一个好消息，理事会的代表们也认同这一点。但仍然有人对“最低生活工资”计划充满疑惑，它不应仅仅是提高最低工资，还应该为生活在首都的这些压力重重的人设立“伦敦最低生活工资”。“我们的公司章程规定我们有责任根据合伙人的表现来支付薪水”，正当小组讨论“打破低酬常规”的重要性以及终身学习在提升初级员工薪资水平方面的作用时，一名代表提醒他的同事。

正是在这次会议上，公司冷静、全面且有条理地反思了养老金计划的变更。和许多收益确定型的计划类似，公司的养老金计划释放出了长期的压力信号。对理事会而言，养老金是一个已经讨论了两年的敏感话题，也可能是他们处理过的最容易导致分歧的议题。有人提出创建一种收益确定、缴费确定的混合方案。这个方案经历了提议、辩论、修改、传达到合伙人、再讨论的过程。在10月集会后的几个月，理事会一致通过了最终审核，以51：11的票数通过了该提议。这次投票“对我们的民主进程而言是一个重要时刻”，公司在2015年年度报告中称，理事会做出这个重大决策，是“为了合伙人的最大利益”。在一个拥有共同命运和基层参与意识的组织中，可以公开地、有建设性地做出各种艰难的选择。除非每个人都是赢家，否则没有人会赢。

“大部分公司都关注改善金融资本，”简·伯吉斯说道，“而我们关注的是社会资本。当人们有发言权，当他们感受到自己的影响力，当他们相信自己的付出获得了公平的回报时，就会对公司充满信心，会更关心公司和公司的未来。当然，我们也需要金融资本，但驱使我们向前发展的是社会资本。”

另一次令我大开眼界的，是我在俄亥俄州的欧几里德之行。在那里我看到了大公司与员工共享繁荣的可能性。正如我在前言中所说的，我就是在那里看到了一种牢固的社会体系，这个体系让林肯电气公司具有强大的竞争力。林肯电气公司是一家世界级的焊接设备和切割机床制造商，年销售额近 30 亿美元，拥有约 1 万名员工，在 19 个国家有 50 余家制造工厂。1895 年，约翰·林肯凭着 200 美元和一个想要制造出自己设计的电动机的信念创建了该公司。自那时起，林肯电气公司在残酷的竞争中脱颖而出，并始终保持卓越。公司的大部分成功要归功于产品的品质和可靠性，以及近年来产品（以及业务）的各种数字化创新。在这种趋势下，公司有了新发展。1995 年，在它成立 100 年后，林肯电气公司上市了，自那时开始，它的股票涨幅高达 1 000%——考虑到全球市场的压力和动荡，这实在是令人印象深刻的业绩。

业绩对所有人而言都很重要，这一商业成功为公司掀开了新篇章。林肯电气公司的员工开始关注自己的表现，以及他们的表现能为自己和公司带来的影响。1914 年，林肯电气公司成立了员工咨询委员会，从员工中选出代表与高层管理者对话。1925 年，公司职工持股计划出台，普通员工拥有股份，在退休时可以将股份卖回给公司。真正具有标志性意义的收益分享机制始于 1934 年。1958 年，公司出台了不允许临时解雇员工的正式文件。从成立至今，在林肯电气公司位于克利夫兰城郊的旗舰生产基地，员工围绕绩效工资体系进行工作，这个体系严格衡量员工的生产力，将每位员工的产出与同级别员工的产出进行比较，并根据工作成果分配薪酬。员工的个人评级决定着奖金数额，表现优异的员工有机会获得双倍收益。

所有这些政策（还有更多）都是组织的“遗产”。詹姆斯 · 林肯从 1914 年开始接管公司，直到去世。他和员工的共同努力，打造了今天的林肯电气公司——这是一种强硬、朴实、公正的选择，可以替代“赢家通吃”的破坏性经济模式。诚然，詹姆斯 · 林肯对林肯电气公司的意义就像斯皮丹对约翰 · 刘易斯合伙公司一样：不是字面意思上的创始人，而是公司文化和企业价值观的开创者。在公司成立早期，林肯电气公司经常召开员工会议问候“工友们”，尽可能地做到集体化和去等级化。同时，詹姆斯 · 林肯还痴迷于个人激励政策，这合理地解释了公司为何采用严格的绩效工资体系。百余年后的林肯电气公司终于建立了既有狂热的个人驱动因素又有共同目标的体系，强调个人责任的同时，也主张真正的分享。[11]

在林肯电气公司总部拜访首席执行官克里斯托弗 · 梅普斯时，

我问他，如果詹姆斯·林肯在世，是否能认得出这家俨然更加现代化的公司。“应该没问题，这个体系非常有辨识度，”梅普斯向我保证，“咨询委员会就是例子。我无法像詹姆斯·林肯过去那样每两周都与成员们见面，全球化业务让我不得不经常出差。但是我会每四周或五周和他们碰一次面，委员会成员仍由员工选出，我们仍然会发布会议记录供大家观看。我们信奉同样的开放政策，尽管员工更倾向于提前发邮件安排会议。但这种企业文化仍然存在，并发挥重要作用。”

“追求绩效和生产力的企业文化”也仍然存在，梅普斯继续讲道，“因为这是我们的立业之本。”他说，外部观察人士通常关注的点是公司将税前收入的 32% 投入共享奖金池，公司的就业保障体系也让他们感到惊奇。自大萧条以来，林肯电气公司一直践行着这一政策，在最低迷的时期也不例外。“这听上去有点像‘我们就是世界’一样的鸡汤！”他打趣道，“外部观察人士看不到的是，我们每天都会评估员工的绩效。每六个月，员工都会收到一份与同事对比的评定报告。我们用心地评估、分析和谈论绩效。我们要求每位员工每天都恪尽职守。但这种运作方式只有在‘我们同乘一条船’的思维模式下才会奏效。”

林肯电气公司在美国并不是众人皆知的公司，这与约翰·刘易斯合伙公司在英国的知名度有所不同，但它却以自己独特的方式，成为一个行业标杆。其收益共享的理念和对员工的保障所激发的业绩，是人力资源研究员、学术界和商学院学生关心的话题。事实上，

1975年，哈佛大学商学院一个名为“林肯电气公司”的案例研究，一直是哈佛大学商学院最受欢迎的案例。（自1947年以来，哈佛大学至少发布了该公司的6个相关案例研究和视频，但1975年发布的这个案例高居榜首40年。）

加拿大广播公司前记者弗朗克·科勒在《火花》一书中用一整章分析了林肯电气公司，很好地呈现了公司的历史和它不允许临时解雇的承诺。科勒写道，哈佛大学商学院案例研究中附的教学注释提醒教师们，林肯电气公司的模式包含其他公司可能难以克服的“巨大障碍”。“同时，它也提醒教师，”他补充道，“这个案例不是讲述林肯电气公司这种不同寻常的方式‘是否奏效，实际上它有效，而且非常有效’。”

“我们要求每位员工每天都恪尽职守。但这种运作方式只有在‘我们同乘一条船’的思维模式下才会奏效。”

哈佛大学商学院教授诺姆·伯格是这个案例研究的指导者。他表示，时至今日，学生对案例的看法仍存在分歧。“关于林肯电气公司案例研究，最根本的要素是，既从个人利益层面又从公司利益层面理解激励或鼓舞人们努力工作的因素，且持续这么做。”他告诉科勒，“有些学生一直会说，‘这是完美的资本主义，工人对自己所做的工作有掌控权，并且通过自己的努力获得应有的回报’。而另一些学生则会说，‘这实际上并没有将股东放在第一位’。”

凭着在商学院课堂上学到的内容，我从林肯电气公司的发展历史中找到了关键点，以及这个案例对商业和社会的未来的启示：在关注创造力和关注生产力之间，驱动成功的企业家精神与利益的公平分配之间没有必然的矛盾。林肯电气公司采取的方式也许推行起来有一定的困难，但回报却更多，能够实现可持续发展。公司如果能够为每位成员创造成功的机会，公司本身也会获得更多成功的机会。

举个例子，我们可以想象一下林肯电气公司自 1958 年起便恪守的不允许临时解雇员工的承诺，虽然这一承诺备受尊敬，但也给高层领导者带来了巨大的压力。回顾2009年，在经济大萧条的影响下，林肯电气公司的销售额在一年之内就缩水了 30%。“我们曾讨论是否还能坚持这一就业保障政策，”首席财务官文森特·彼得雷拉回忆道，“我们反复思考过，但我们不得不维持下去，因为这是我们公司的基础之一。比起在经济环境好的时候招聘 1 000 名员工，然后在不景气的时候裁掉他们，我们所坚持的这种模式需要更多的管理技巧和专业知识。它是一种更积极的管理方式。”

林肯电气公司要求并且也会在每个层面培养出参与度更高的员工。北美业务高级副总裁道格·兰斯已经在这里工作了 25 年，和他一样，公司的所有员工都全身心地投入工作。当我问他什么样的员工才能在林肯电气公司立足时，他回答道：“要有争强好胜的激情、想赢的意愿，以及成为高层管理者的渴望。”但是，他补充道，“争强好胜的激情”意味着员工必须既有集体意识又有个人意识。作为一线工作人员，“我是在与周围所有人竞争，我始终希望个人的表现能够更好。同时，我们又必须让自己的团队获得成功。业务越大，利润就越多。利润越多，奖金池就越丰厚”。

年度奖金对林肯电气公司的发展以及员工个人生活产生的影响，怎么高估都不过分。在约翰·刘易斯合伙公司，奖金是庆祝一年结束的好方式。2013 年，该公司的年终奖是年薪的 15%。在林肯电气公司，奖金可能是决定员工财务状况的关键因素。在经济相对繁荣的 2013 年，该公司的平均奖金高达基本年薪的 70%。对某些优秀员工而言，他们的年终奖金比全年基本工资还要高。与同行业相比，他们的薪酬远远高于行业平均水平。（评级较低的员工拿到的奖金会相对减少。）但在经济不景气的 2009 年，奖金仅为总薪资的 25%。就像经济景气时期一样，业绩不好的时候，大家也共同分担。

因此，彼得雷拉会在每个季度为所谓的“奖金乘数”公布一个预估的范围，预测基本薪资以外的总奖金池的上下限额。员工密切关注这个预估值，部分原因是为了预判自己次年的财务状况，但更多的人是为了思考自己能够做些什么，才能在年底获得更高的年终奖金。“员工的思考方式与管理者相同，”这位首席财务官强调，“我怎样才能提高生产力？我该如何避免生产中的报废情况？我要怎样提高所在部门的业绩？”

与此同时，每年 12 月的第二个星期五，首席执行官梅普斯都会召开员工大会宣布奖金池的数额、该数额与之前几年的对比情况、驱动奖金池增长的主要业务，以及与每名员工平均奖金相关的所有事宜。“通过这种方式，我们感谢每位员工的努力，”梅普斯说道，“这也激发了全公司员工的主人翁心态。每名员工都关注公司经营的情况，因为这也是他们自己的公司。通过这种模式，每个人都成了企业获得成功的过程中不可分割的一部分。我们同乘一条船。”

你的故事呢？

“为那些值得做的事努力”

一个多世纪之前，西奥多·罗斯福总统在纽约雪城大学做过一次关于公平交易的演讲，提出了经过时间考验的成功的定义。他说：“生命给予我们的最大的奖赏就是有机会为值得做的事情而努力。”如今，“值得做的事情”意味着可以提升我们的影响力并让我们更有成就感的工作——为一个全新的商业和领导力时代重写成功故事的事业。

这就是本书的主旨，从那些不同领域中用卓越的方法取得杰出业绩的组织和领导者那里汲取经验。但这些成功故事只有在对你的成功有帮助时才能体现价值，你可以通过这些故事借鉴一些思维和操作模式，从而拓宽思路、确立更大的目标并取得更大的成就。我在这里总结了一些本书的精华内容，希望对以下 8 个问题的回答能帮助你为你自己和你所在乎的组织谱写更有价值的成功故事。

1. 你能总结出成功的定义，让自己从竞争中脱颖而出并为你的同伴提供灵感吗？

我在本书中依次写到的每个组织和每位领导者最打动我的就是他们表现出的使命感，以及这种使命感如何激励同事、客户和同盟者并走向成功。品牌战略官亚当·摩根称之为“灯塔认同”——一种组织尝试实现目标的“独有手法”，一种“不可抗拒的信念”，即他们的目标“只属于他们自己”而且十分重要。风险投资家约翰·杜尔偏爱投资，将自己的公司定义为“传教士”而非“雇佣军”。这些企业的创始人不仅追求成功，而且还力争做到“成功和伟大”。

细节不及关注度重要。创造最大价值的组织和领导者会让自己处于吸引人的状态中，而不是处于需要预估（即使这样比较有效）的阶段。首都银行的弗农·希尔喜欢半开玩笑地说，在银行界，他的运营方式游走在“癫狂的边缘”，但这恰巧是那么多员工和客户为如此寻常的零售银行而疯狂的原因。当我出席快速借贷公司（一家没有实体店的金融机构）的活动时，其创始人丹·吉尔伯特也持相同看法。“我们是为客户提供服务的狂热分子，”他这样告诉员工们，“我们游走于癫狂的边缘。”这并不是极力主张癫狂，但这是关于独特性和热情的辩论：你做了什么其他组织不会做或不敢去做的事？

2. 你能否清晰且真挚地解释为什么你做的事如此重要，以及你希望如何取得成功?

归根结底，唯一一种可持续发展的领导形式就是思想——以一套卓越的思维方式取胜，而不仅仅是提供足够优质的产品和服务。因此，思维与众不同的领导者的谈话风格也往往与众不同。我在《快公司》的同事，也是《工作中的标新立异者》一书的合著者波莉观察到，太多的领导者习惯用行话沟通——空洞的修辞、令人思维麻木的时髦术语和枯燥无味的简称。但是，我们在本书中提及的领导者，他们的用语之精准彰显了其创新的想法。他们明白必须要用对他们领域而言独一无二，且对外部世界而言无法抗拒的语言去解释：为什么他们做的事情如此重要以及他们想要如何取得成功。

当罗莎娜·哈格蒂在救助无家可归者的项目中向同事们提出挑战，重新规划解决这一社会难题时，她精力充沛地发表宣言，宣布了“10 万家运动”的原则并邀请他人加入。她和同事们用准确且带有煽动性的语言解释了打破该领域常规的理由，以及他们期望如何取得成功。当我了解到南中心基金会及其在保健领域的显著成就时，我仍然会说错“客户–所有者”这个术语，而它在这个组织有着神圣的地位。“我能称他们为患者吗？”我恳求道，“或者客户？”但是首席执行官凯瑟琳·戈特利布却态度坚决。“我们希望人们时刻掌控自己的健康。”她说道，意识到自己真正拥有这个为他们提供护理的医疗体系，她和同事们才会这样说。你知道如何“介绍自己的事业”吗？

3. 你准备好重新思考你所处行业的成功惯例，以及你作为领导者的成功逻辑了吗？

对领导者而言，“专业知识悖论”是最危险的职业危害之一。身处变革的世界，想成为与众不同的领导者就必须重新思考组织的潜力。然而，你越深入地观察一个领域，在该领域中工作的时间越长，取得的成就越多，就越难看到新的格局、视野和发展潜力。在某个特定领域，经验、知识和资源最丰富的人通常是最后抓住全新机遇的人。

因此，本书大篇幅地描述了打破行规且突破自我的领导者，用管理学教授、爵士音乐家弗朗克·巴雷特的话来说，这些就是具有煽动力的领导者。巴雷特是这样描述煽动力的：“为组织注入生机并激起人生愿望的领导力。”我的看法更简单，煽动力就是能够反思自己所处的行业、仔细思考未来，并意识到你现在具备的思维和技能可能无法让你取得更大成就的能力。

罗伯特·温纳特是林肯大道 1111 号背后无尽创意的主导者。他几乎挑战了其所在领域的所有预设，才最终完成了这座位于迈阿密南海滩的独一无二的停车场。温纳特认真践行创意背后那些打破常规的想法，并且亲力亲为，最后，他决定住在自己建造的这座停车场里。“人们总是问我，‘你为什么选择住在车库里？’”他说道，“但是，当人们走进我的家，他们就不再问了。”你如何能确保不让专业知识限制自己的想象力？

4. 你决心对新鲜事物保持兴趣，并让别人也对你感兴趣吗？

我认识的最具创造力的领导者不仅是最勇敢的思想家，还是孜孜不倦的学习者。在具有传奇色彩的演讲《自我重塑》中，约翰·加德纳思考了在晋升过程中保持领导者重要性、有效性和参与性的因素是什么。“不是像抱负那样狭隘的因素，”他说道，“毕竟雄心壮志最终会被磨灭，也许会被耗尽。但是兴趣却是你可以保持至死的因素。”也就是说，大部分有活力的领导者都知道该如何保持感兴趣——伟大的创意也好，小小的惊喜也罢，使命感驱使他们对能给企业带来生命力的一切事物都感兴趣。

WD－40 的首席执行官加里·里奇建立了一个充满了他称为“学习疯子”的组织。他和同事们做出了一个非凡的承诺，即保持自己对学习和探索的热爱，并且在努力让公司和品牌对外界更具吸引力的同时，保持对有关产品和企业目标的新想法感兴趣。事实上，他还在邮件电子签名后附上了一条意大利语“Ancora Imparo”，意思就是“我仍在学习”，这是米开朗琪罗最喜欢的一句话。里奇说：“我的梦想就是让我们的组织成为企业领导力和业务学习实验室。”你的自我重塑策略是什么？

5. 你像关心技术和效率那样关注心理和情感吗？

没人会拒绝好的生意，这是一种合情合理的纯经济价值的主张。

然而，我们所记得的、欣赏的以及看重的关心和关爱的举动，给冷漠的现代生活带来了温情。在一个被技术重塑的世界，大部分人渴望的、真正脱颖而出的是仁慈的小举动，这些举动提醒我们做人意味着什么。正如特蕾莎修女那句著名的话："我们做不了大事，但是我们能用大爱来做小事。"

因此，那些渴望做"大事"的领导者永远不会忽视让组织内外留下深刻印象的小事。Pret A Manger 是一家发展迅猛的英式三明治快餐店，孜孜不倦地营造充满正能量的氛围，他们的首席执行官将由此产生的勃勃生机称为 Pret 式欢声笑语。奔驰美国公司出售全球设计最佳的车款，明白卓越的性能中包含的真实情感与先进的技术一样重要。"与该品牌的每次接触，"前任首席执行官斯蒂芬·坎农声称，"都必须与我们的产品本身一样卓越。"这意味着为公司或其经销商效力的 2.3 万名员工都必须充满活力，给每一位客户带去快乐。你准备改进产品，还是改变人？

6. 组织奉行的价值观是否反映了它据以从事竞争的价值主张？

我研究过的最成功的企业不仅与其他企业的思维方式不同，它们更在乎自己服务的客户所传递的消息、关心每个人如何在充满诱惑的世界中控制住自己不去抄近路、依赖流程以及在情感共鸣的基础上追求效率。除非你在工作中表现特殊、特别和杰出，否则你就不会成为市场上特殊、特别和杰出的人才。当提及"建设企业文化"

时，高科技行业企业家本·霍洛维茨极力主张，目标是“要有足够的煽动力去改变人们的所作所为”。

美国军人银行是一家金融服务巨头，为美国现役和退伍军人及其家属提供服务。它在业界如此成功，是因为制定了明确的企业文化。新进职员需要在第一线吃方便食品体验生活。他们尝试穿戴军用背心和背包，以体验身负重担的士兵的感受。他们还会读士兵和家人的之间通信。美国军人银行让组织中的每个员工切身感受其服务对象复杂的生活和情感需求，从而让每个员工理解公司所追求的沟通的必要性。你知道如何通过提升员工的服务水准，为其加油打气，以提升公司的竞争力并让公司充满能量吗?

7. 你会像饥饿时那样低声下气吗?

如果要在本书中找到一个核心思想，以及个性迥然不同的领导者关于成功的共同的看法，那就是优秀的业绩源于卓越的观察力。但这并不意味着，一定要由你来提出这些想法。在基于新想法之上的商业活动（和社会运动）中，提出和评估想法是每个人的职责。这也是谦逊和雄心勃勃不一定矛盾的原因所在。诚然，让谦逊服务于雄心勃勃是最有效的思维模式，会让那些渴望在未知世界里干出一番大事业的领导者受益。正如哈佛大学商学院研究领导力的权威琳达·希尔引用的一位首席执行官的话：“我的工作是搭建舞台，而不是在台上表演。”

在拉斯韦加斯市中心，Zappos 的首席执行官谢家华尝试搭建他能想象到的最巨大的舞台，一个拥有艺术家、企业家、电脑迷和其他创意人才的完整城市社区，没有任何人在他的公司工作，但所有人都将获得“偶遇的机会”，从而为 Zappos 增添活力，带来全新的创意。“这场豪赌就是为了这个完全不同的模式，将多样化的人群聚集在相对狭小的空间内，”谢家华说道，“并且确保他们乐于合作。”你能控制自我，从而扩宽自己的眼界吗？

8. 你准备好与成就成功的所有人分享成功了吗？

“赢家通吃”的成功模式不仅是一种不可持续发展的社会组织形式，还是一种糟糕的运营企业的方式。如果领导者不能唤起共同意识，又该如何鼓舞员工重新思考行业内的机遇，做其他人不会做的事呢？互联网布道者蒂姆·奥莱利喜欢说，成功的企业“创造的价值多于它所获取的”。换句话说，能够唤起从上到下所有人内心深处的使命感，从而有机会掀起市场中最大波澜的是那些员工们对决策制定具有发言权，并且可以从其创造的价值中获取公平回报的组织。

约翰·刘易斯合伙公司是英国广受赞誉的零售商之一，对员工100% 的信任。为了共享收益，该公司将年利润中的很大一部分用作年终奖金，发放奖金是公司内部最热切盼望的环节，也是被媒体报道较多的案例之一。全体 9.4 万名员工在本地工厂投票选出代表参与最高层的决策审议。这一成熟的商业民主模式再加上完善的公司章程，形成了一种共担命运的意识，推动了企业的发展。“大部分公司都关注改善金融资本，”约翰·刘易斯合伙公司内部民主流程监督员简·伯吉斯说道，“而我们关注的是社会资本。”你想出办法给组织里的每一位成员一席之位并让他们参与企业经营了吗？

致 谢

写一本书就是一段孤独的旅程，要花上许多天、许多周，乃至好几个月，趴在键盘上，不受外界打扰（好吧，除了推特和脸书）。不过，使一本书变得生动，从形成观念到提供建议，从收集素材到提出最终的看法，都是集体努力的产物。因为，我非常感谢那些在本书写作过程中起到重要作用的人。

Inkwell版权代理公司的理查德·派因做了我25年的书稿代理人，不过这不足以说明他在我的写作过程中发挥的作用。每当我有了一个想法，我会最先打电话给理查德，而当我进度落后了，他也是第一个打给我的人。对一个想法进行透彻的思考，对一个标题进行头脑风暴，或者是重新组织书稿的结构，在这些事情上，他都是不二人选。他做的事情是其他书稿代理人不会或不愿做的，这就是为什么对我来说他是独一无二的代理人。谢谢你，理查德！

这是我在近30年里出版的第6本书，我曾经和世界上最出名的出版社合作过，不过我从来没有和这么热情、专注和真诚的团队合作过，他们就是 Portfolio 出版社的那些富有才华的员工。从确定这个项目开始，编辑尼基·帕帕多普洛斯就让我按照自己的节奏进行写作，此前没有哪本书的编辑会像她一样。我自己就是杂志的编辑，因此我非常感谢她，感谢她的严格标准，以及对项目的推动，因为在写作过程中，我经历了非常困难的阶段。阿德里安·扎克海姆、威尔·魏瑟尔、利娅·特劳夫博斯特以及 Portfolio 的其他人都判断精准，他们深知在一个饱和的图书市场，如何让一本书脱颖而出。我喜欢和那些目标明确的人合作，因此我非常喜欢和 Portfolio 的团队合作。

在为本书进行调研的早期阶段，《哈佛商业评论》数字版的工作团队给了我机会检验我的一些观点。在写作某些章节出现困难时，他们向我约稿，使我可以从写书中脱离一下，略做休整。谢谢埃丽卡·特鲁克斯勒、埃里克·黑尔韦格，以及《哈佛商业评论》的全体职员，感谢他们给我提供了写作平台，而在我要埋头写作时，又不再打扰我。

写书的孤独过程其实只是一个序幕，它开启的是一段喧闹的旅程，我要在书中向更多的读者解释我的观点。在过去的 5 年中，华盛顿演讲局起到了非常重要的作用，使我得以在世界各地拜访、参加各种会议和活动，与首席执行官、企业家、社区领袖和许许多多有趣的听众分享我的想法。我非常感谢在华盛顿演讲局工作的伙伴们，他们曾经和众多知名的领袖和思想家合作，却还愿意为我的工作提供帮助，且待我非常友善。向尼卡·斯潘塞、克里斯廷·唐尼、克里斯蒂娜·兰茨曼、安妮·塔尔曼、谢尔登·布里姆，当然还有克里斯蒂娜·法雷利、小哈里·罗兹以及华盛顿演讲局的其他工作人员致意，谢谢你们接纳我，使我感觉宾至如归。

此外，还要向书中提及的组织中那些和我分享经验、为我提供信息，同意我拜访工厂和零售网点、出席企业活动甚至旁听高层会议的人表达我的谢意，但要逐一提及他们的名字显然不太可能。（我尽可能在注释中提及他们并表示感谢。）对于那些忙碌的成功人士抽时间和我分享他们的洞见，我总是感到惊讶，并心存感激。在为本书所进行的调研中，他们的慷慨分享是异乎寻常的。

最后，特别需要感谢的是克洛伊、佩奇以及格雷丝，你们始终是我梦寐以求的最有助益、最能激发我灵感的家人。写过书的人都很清楚，写作过程中情绪会频繁波动，有时特别需要有人拍一拍背、在屁股上踢两脚、在脸上亲几下。没有人比你们三个更擅长做这些。

注 释

正如我在前言中所说，本书中的绝大部分材料来自我本人进行的调研，以及我对那些组织的主要领导者和各个层面的负责人所做的访谈。当然，我也引用了许多出版物（图书、论文、学术研究报告和商学院的案例研究等）的内容。下面的注释是我在写作本书时发现的最有价值的材料，以及来自众多教授、分析家和记者们的分析与洞见，正是他们的工作给了我更多的灵感。

前 言

1. 参见托马斯·弗里德曼发表在《纽约时报》上的两篇文章：《平庸时代的终结》（2012 年 1 月 24 日）和《平庸时代的终结（二）》（2012 年 8 月 7 日）。这两篇文章参考了弗里德曼若干年前出版的一本广受欢迎的著作中的观点。参见弗里德曼和迈克尔·曼德尔鲍姆合著的《曾经的辉煌》（New York：Farrar, Straus and Giroux,

2011)。

2. 引用的利奥尔·阿鲁西的话来自一次私人谈话。不过，他曾经写过一本书，对同一主题做了更充分的探讨。参见 Lior Arussy, *Exceptionalize It!* (Hackensack, NJ: Strativity Group Inc., 2012)。
3. 参见 Marshall W. Meyer and Lynne G. Zucker, *Permanently Failing Organizations* (Thousand Oaks, CA: Sage Publications, 1989)。
4. 琳达·希尔写过许多值得一读的书和文章。参见 Linda A. Hill and Kent Lineback, *Being the Boss: The 3 Imperatives for Becoming a Great Leader* (Boston: Harvard Business Review Press, 2011)。
5. 约翰·加德纳对"坚韧的乐观主义"的讨论来自一篇他在麦肯锡公司所做的名为"自我重塑"的演讲。你可以在 pbs.org/johngardner/sections/writings_speech_1.html 在线阅读。

第一章

1. Francis Tibbalds, "Milton Keynes—Who Forgot the Urban Design?" *Place* 1. no. 4 (1987).
2. 绝大多数我对首都银行的看法都来自我本人对其伦敦总部和米尔顿·凯恩斯分行的拜访、与主要执行官的访谈，以及多年来和弗农·希尔的交谈。也就是说，参考资料并不是非常多。参见 Shawn Tully, "Vernon Hill Is the Best Damn Banker Alive (Just Ask Him)," *Fortune*, September 15, 2010; and John Engen, "Vernon Hill on the

Wooing of Customers in London," *American Banker*, December 1, 2012。

3. 《一份关于伦敦零售银行的文化的报告》, New City Agenda and Cass Business School 2014,http://newcityagenda.co.uk/wp-content/uploads/2014/11/Online-version.pdf。

4. 在波莉·拉巴尔和我合著的《工作中的标新立异者》一书中讨论过康美银行。

5. 遗憾的是，在我于米尔顿·凯恩斯邂逅达菲尔德爵士 10 个月之后，它就以 13 岁的高龄去世了。弗农和雪莉·希尔怀着爱意悼念银行吉祥物达菲尔德。"我们会怀念它的，"他们写道，"作为首都银行历史的一部分，它永远活在我们心中。"他们还声称，他们会收养一只与达菲尔德同一血统的 14 周大的小狗，作为它的继任者。它的名字叫达菲尔德爵士二世。

6. 就价值主张这一主题，迈克尔·兰宁写过很多文章（也非常有影响力）。比如，迈克尔·兰宁和爱德华·迈克尔斯的文章"A Business Is a Value Delivery System," *McKinsey Quarterly*, June 2000; and his book, *Delivering Profitable Value* (New York: Basic Books, 1998)。

7. 源自一次个人访谈。不过，也可以参见利奥尔·阿鲁西的《使之成为例外》。

8. 亚当·摩根和他的同事是我见过的最聪明的（也是最多产的）品牌战略官。要了解这一点，可以从他的书开始。*Eating the Big Fish: How Challenger Brands Can Compete Against Brand Leaders*

(Hoboken, NJ: John Wiley, 2009).

9. 遗憾的是，在我为本书进行调研期间没有机会游览赫尔辛基。不过，我从莉萨·约罗宁的儿子尤哈佩卡·约罗宁那里得到了许多关于 SOL 的最新信息。目前，后者掌管很大一块业务。关于 SOL 的部分，我写作时主要参考了这次访谈，以及：Gina Imperato, "Dirty Business, Bright Ideas," *Fast Company*, March 1997; and Brian M. Carney and Isaac Getz, *Freedom, Inc.* (New York: Crown Business, 2009)，其中有一章讲述了该公司，非常吸引人。
10. 对格雷戈里·特雷弗顿的思想做了最清晰介绍的，就是他本人的文章 "Risks and Riddles," *Smithsonian*, June 2007。马尔科姆·格拉德韦尔在分析安然公司神秘破产时，提到了特雷弗顿的看法。参见 "Open Secrets," *New Yorker*, January 8, 2007。

第二章

1. 关于蒂姆·库克的故事摘自亚当·拉辛斯盖的著作 *Inside Apple: How America's Most Admired—and Secretive—Company Really Works* (New York: Business Plus, 2012)。
2. 参见 Simon Sinek, *Start with Why: How Great Leaders Inspire Everyone to Take Action* (New York: Portfolio, 2009)。
3. 在斯坦福商学院，约翰·杜尔就企业家的本质做过数次非常有深度的讲解。参见 "Entrepreneurs Are Missionaries," April 4, 2007,

www.youtube.com/watch?v=n6iwEYmbCwk; and “What It Takes to Be a Remarkable Leader,” November 19, 2009, you tube.com/watch?v=LDWURusr02k。

4. 参见 Randy Komisar, *The Monk and the Riddle* (Boston: Harvard Business Review Press, 2000)。2015 年春天，兰迪 · 科米萨和约翰 · 杜尔被风险投资公司的前同事鲍爱伦提起性别歧视诉讼，事件颇为引人注目。虽然 KPCB 赢了整场官司，但这场诉讼还是给公司、杜尔、科米萨和硅谷的所有企业带来了影响，高科技行业存在的大男子主义文化让他们感到不安和尴尬。我没办法谈及这场官司的细节，不过这并不能否定杜尔和科米萨对风险投资行业的影响。
5. 我的朋友以及《快公司》的联合创始人艾伦 · 韦伯在《拇指规则：关于无须失去自我就赢得商战的 52 个真理》一书中讲过比尔 · 格雷厄姆的故事。要想更全面地了解，参见 Barry Barnes, *Everything I Know About Business I Learned from the Grateful Dead* (New York: Business Plus, 2011)。关于他们的深入而感人的报道，参见 Jon Pareles, “Review: No Song Left Unsung, Grateful Dead Plays Its Last,” *New York Times*, July 6, 2015。
6. 感谢老伙计公司允许我旁听老伙计业务卓越研究所的课程。关于这家公司的文章，有些写得很棒。其中最好的两篇是 Leigh Buchanan, “Training the Best Damn Fry Cooks (and Future Leaders) in the U.S.,” April 23, 2014, inc.com; and “Pal’s: America’s Least-

Known Well-Run Burger Chain," July 2, 2012, burgerbusiness.com。

7. 感谢快速借贷公司负责沟通业务的副总裁埃默森带我在公司总部进行的紧凑而又让人惊奇的走访。我在底特律的所见所闻成为我写作的绝大部分内容，除了一小部分参考了一些重要的背景信息。参见 Tim Alberta, "Is Dan Gilbert Detroit's New Superhero?" *National Journal*, February 27, 2014; David Segal, "A Missionary's Quest to Remake Motor City," *New York Times*, April 13, 2013; and Amanda Lewan, "Quicken Loans Innovates with a 'Small Business' Culture," michipreneur.com, March 5, 2013。

第三章

1. 我对哈格蒂及其同事所做工作的分析主要来自我对她、贝姬·马尔焦塔、乔·麦坎农以及参与"10 万家运动"的其他参与者的访谈。另外，我还参与了在纽黑文所做的调查。不过，我也参考了其他资料。Haggerty's presentation to the BIF-9 Collaborative Innovation Summit is a brilliant distillation of her career (youtube.com/watch?v=Y1Sn4x- GiR-Y). 以及 Alastair Gordon, "Higher Ground," *Wall Street Journal,* June 10, 2012; and a business-school case study, Professor Howard Yu, "Finding Community Solutions from Common Ground: A New Business Model to End America's Homelessness," IMD, 2013。

2. 参见 Cynthia Barton Rabe, *The Innovation Killer: How What We Know Limits What We Can Imagine—and What Smart Companies Are Doing About It* (New York: AMACOM, 2006)。这本书对于我在大公司实施变革起到了重要作用。我想花点时间向她表达敬意。不幸的是，她因交通事故身亡，年仅 47 岁，肇事司机逃逸。
3. 我没有机会参与艾米·赫尔曼的观察艺术研讨会，不过还是查阅了很多关于她的工作的出色的报道。参见 Neal Hirschfeld, "Teaching Cops to See," *Smithsonian*, October 2009; Ellen Byron, "To Master the Art of Solving Crimes, Cops Study Ver- meer," *Wall Street Journal*, July 27, 2005; and Leslie Berger, "By Observing Art, Med Students Learn Art of Observation," *New York Times*, January 2, 2001。
4. 感谢迈克尔·法斯纳赫特和他在芝加哥博达大桥广告公司的同事接待我，并和我分享他们的看法、方法和工作手册。
5. 在十几年前，弗朗克·巴雷特写过关于煽动力的文章。要想了解他的思想，最好的资料是他写的《对混乱说好：从爵士乐学到的关于领导力的课程》。
6. 参见 Michael Barbaro, "A Miami Beach Event Space. Parking Space, Too," *New York Times*, January 23, 2011。还能在线观看由伊丽莎白·普廖雷制作的短片《11，11》，网址是 http://vimeo.com/groups/focusfor wardfilms/videos/51889050。

第四章

1. Dennis K. Berman, “Is Peanut Butter Pop-Tart an Innovation?” *Wall Street Journal*, December 3, 2013. 参见 Bill Taylor, “Stop Me Before I ‘Innovate’ Again!” HBR.org, December 6, 2013.
2. 参见米哈里·契克森米哈赖的著作《创造性：发现与创新的心理学》(New York：Harper Perennal,2013)。
3. 我对超级巴士的分析主要来自我在新泽西州帕拉默斯对戴尔·莫泽、麦克·阿尔维奇和拜优妮·张伯伦等人进行的访谈。另一个重要的信息来源是本·奥斯汀的文章“The Megabus Effect,” *Bloomberg Businessweek*，April 7，2011。
4. 你可以在网页上找到约翰·加德纳的演讲，名为“自我重塑”，网址是 pbs.0rg/johngardner/sections/writings_speech_1html。
5. Roy Spence, *The 10 Essential Hugs of Life* (Austin, TX: Greenleaf Book Group Press, 2014).
6. 我对 WD－40 的分析主要来源于我对加里·里奇和格雷厄姆·米尔纳的个人访谈。当然，我也参考了相关著作。参见 Jay Palmer, “The Cult of WD－40,” *Barron's*, December 3, 2001; and Jonathan Horn, “WD－40: Rust Free After 60 Years,” *San Diego Union Tribune*, September 14, 2013。

第五章

1. 理解南中心基金会的工作，最好的办法就是走访安克雷奇，花时间和公司的领导者及一线工作人员待在一起。我很幸运地做到了这一点。关于背景和相关的分析，我确实得益于许多材料。其中我觉得最有价值的材料是：Erin E. Sullivan and Theodore Hufstader, "Human Systems for Southcentral Foundation's Nuka System of Care" (parts A and B), Harvard Medical School Center for Primary Care, 2015; "Nuka System of Care: Our Transformation," presentation by Douglas Eby and Leanndra Ross, Asia Pacific Healthcare Conference, September 2, 2014; Katherine Gottlieb, "The Nuka System of Care: Improving Health Through Ownership and Relationships," *International Journal of Circumpolar Health*, 2013; "A Formula for Cutting Health Costs," *New York Times*, July 21, 2012。
2. 参见 Tim Nudd, "How a Fan Post on Panera's Facebook Page Got Half a Million Likes," *Adweek*, August 14, 2012; and Bill Taylor, "It's More Important to Be Kind Than Clever," HBR.org, August 23, 2012。
3. 我第一次为《哈佛商业评论》写了关于我父亲的别克车的事。参见 "Why Is It So Hard to Be kind?" HBR.org, October 19, 2010。
4. Andrew E. Kramer, "Russian Service, and with Please and Thank

You," *New York Times*, November 1, 2013.

5. 从我们第一次在《快公司》上报道它，我就一直关注 Pret A Manger。参见 Scott Kirsner, "Recipe for Reinvention," *Fast Company*, April 2002. As for the hue and cry over its commitment to friendly service, this collection of articles captures the debate: Stephanie Clifford, "Would You Like a Smile with That?" *New York Times*, August 6, 2011; Richard Preston, "Smiley Culture: Pret A Manger's Secret Ingredients," *Telegraph*, March 9, 2012; Paul Myerscough, "Short Cuts," *London Review of Books*, January 2013; Timothy Noah, "Labor of Love," *New Republic*, February 1, 2013; and Bill Taylor, "Pret a Manger Wants Happy Employees—That's Okay," HBR.org, November 7, 2013。
6. 参见 the e-book Ward Clapham, *Breaking With the Law: The Story of Positive Tickets*, June 1, 2010, available on Amazon.com。
7. 有关杰夫·贝索斯的演讲，参见杰夫·贝索斯在 2010 年 5 月 30 日向普林斯顿大学 2010 年级毕业生做的演讲"选择决定命运"。有关《纽约时报》的调查，参见 Jodi Kantor and David Streitfeld, "Inside Amazon: Wrestling Big Ideas in a Bruising Workplace," *New York Times*, August 15, 2015。 Details on the Amazon.love memo can be found in Brad Stone, *The Everything Store: Jeff Bezos and the Age of Amazon* (New York: Little, Brown and Company, 2013)。

第六章

1. 参见 Kevin Roberts, *Lovemarks: The Future Beyond Brands* (New York: powerHouse Books, 2005); and Kevin Roberts, *The Lovemarks Effect: Winning in the Consumer Revolution* (New York: powerHouse Books, 2006)。
2. 我在《哈佛商业评论》当编辑的时候，我们登载了一篇对其长期任职的（且具有传奇色彩的）首席执行官罗伯特·麦克德莫特将军的访谈。这里收集的文章对这家公司超乎寻常的增长进行了很好的概括：Thomas Teal, "Service Comes First: An Interview with Robert F. McDermott," *Harvard Business Review*, September 1991; Jena McGregor, "USAA's Battle Plan," *Bloomberg Businessweek*, February 18, 2012; Kristina Shevory, "Boot Camp for Bankers," *New York Times*, September 1, 2014; Jenna Hiller, "USAA Employees Experience Basic Training at 'Zero Day,'" KSAT.com, July 22, 2013。
3. 就战略、文化和其他各类话题所做的精彩演绎，参见 Ben Horowitz, *The Hard Thing About Hard Things: Building a Business When There Are No Easy Answers* (New York: Harper Business, 2014)。
4. 感谢斯蒂芬·坎农允许我旁听他 2014 年 6 月 24 日在福雷斯特论坛上的发言，“为什么足够好还不够好”。我对奔驰美国公司所发生的变化的阐述主要来自与坎农、哈里·海内坎普和利奥尔·阿普西等人的对话（2016 年 1 月，坎农成为亚特兰大猎鹰队的母公司的首席执行官）。在我完成本书初稿的时候，奔驰美国公司出版了一本旅行车保养手册，足有一本书那么厚。参见 Joseph A. Michelli, *Driven to Delight* (New York: McGraw-Hill Education, 2016)。

第七章

1. 谢家华的“老城区项目”引发了大量媒体报道，有些是赞许，有些则持批评态度，大多数都很有价值。除了对 Zappos 公司和“老城区项目”的参观，以及数次对谢家华的深度访谈之外，我还参考了一系列文章。参见 Susan Berfield, “Hard Times in Happy Town,” *Bloomberg Businessweek,* December 29, 2014; Colin Marshall, “Downtown and Out? The Truth About Tony Hsieh’s $350m Las Vegas Project,” *Guardian*, November 20, 2014; Sara Corbett, “How Zappos’ CEO Turned Las Vegas into a Startup Fantasyland,” *Wired*, January 1, 2014; Timothy Pratt, “What Happens in Brooklyn Moves to Las Vegas,” *New York Times Magazine,* October 19, 2012; and Re/code’s online series about the Downtown Project at http://recode.net/tag/downtown-project/。想要全面地了解 Zappos，参见 Jerry Useem, “Are Bosses Necessary?” *Atlantic*, October 2015。
2. 参见 Edward Glaeser, *Triumph of the City: How Our Greatest*

Invention Makes Us Richer, Smarter, Greener, Healthier, and Happier (New York: Penguin Press, 2011)。

3. 谢家华对很多人谈及塑造“老城区项目”的那些理念。比如，可以参见 2012 年 9 月他在 BIF-8 峰会上的演讲（https://www.youtube.com/watch?v=IU1H1GyWCQA）。峰会由商务创造工坊主办。还可以参见 2013 年 8 月他在西南偏南 V2V 大会上的发言，题为“作为创业企业的城市”（https://www.youtube.com/watch?v=aYjv4dK17OM）。在本章中，我引用他的话都来自私人对话和公开演讲。
4. 参见Andrea Chang, “After Jody Sherman Death, Tech Community Seeks Dialogue on Suicide,” *Los Angeles Times*, February 1, 2013。
5. 参见 Kristy Totten, “Living Small: At Downtown's Airstream Park, Home Is Where the Experiment Is,” *Las Vegas Weekly*, February 5, 2015。对于谢家华在 Zappos 公司和拉斯韦加斯商业区所进行的改变和想法的创新，罗杰·霍奇进行了非常细致的报道，参见 Roger D. Hodge, “First, Let's Get Rid of All the Bosses,” *New Republic*, October 2015。
6. 参见 Linda A. Hill, Greg Brandeau, Emily Truelove, and Kent Lineback, *Collective Genius* (Boston: Harvard Business Review Press, 2014); and Linda Hill, “Leading from Behind,” HBR.org, May 5, 2010。
7. 在超过 10 年的时间里面，我从罗布·麦克尤恩那里学到了永不停息的创新，并就此写过文章。有关他在加拿大黄金矿业公司的历史以及加拿大黄金矿业公司发起的挑战的故事，参见 Linda Tischler, "He Struck Gold on the Net (Really)," *Fast Company*, June 2002; and William C. Taylor and Polly LaBarre, *Mavericks at Work: Why the Most Original Minds in Business Win* (New York: William Morrow, 2006)。

8. 参见 Edgar H. Schein, *Humble Inquiry: The Gentle Art of Asking Instead of Telling* (San Francisco: Berrett-Koehler Publishers, 2013)。
9. 参见 Gary Hamel, *What Matters Now: How to Win in a World of Relentless Change, Ferocious Competition, and Unstoppable Innovation* (San Francisco: Jossey-Bass, 2012)。
10. 感谢简 · 杜波依斯为我安排了一次让人大开眼界的（也是非常累的）参观，我参观了公司，看到了很多生产设备，还去了新开业的博物馆。同样要感谢 Fastenal 公司的员工，从首席执行官到库房经理等人，都花时间为我解释公司的内在运行机制。有关 Fastenal 公司的背景信息，参见 Robert Farzad, "Fastenal's Runaway Stock Success," *Bloomberg Businessweek*, February 27 to March 4, 2012; and Dyan Machan, "Fastenal's CEO Sweats the Small Stuff," *Barron's*, March 8, 2014。

第八章

1. 在欧迪俱乐部与约翰·刘易斯合伙公司相处的那段时间，我目睹了公司的民主形式，采访了高管和一线员工。除了这些访谈，还有些重要的资料提供了组织的历史和背景信息。参见 Peter Cox, *Spedan's Partnership:The Story of John Lewis and Waitrose* (London: Labatie Books, 2010); and Michael Skapinker and Andrea Felsted, "John Lewis: Trouble in Store," *Financial Times*, October 16, 2015。
2. 约翰·刘易斯合伙公司的章程可以在线阅读，网站上还有针对该公司的业绩和民主实践的大量信息和解读。可以访问 johnlewispartnership.co.uk。
3. 参见 Tamsin Blanchard, "John Lewis Turns 150: The Story of a Very Civil Partnership," *Telegraph*, April 19, 2014。
4. Jacob S. Hacker and Paul Pierson, *Winner-Take-All Politics: How Washington Made the Rich Richer—and Turned Its Back on the Middle Class* (New York: Simon & Schuster, 2010).
5. Sylvia A. Allegretto, Ken Jacobs, Dave Graham-Squire, and Megan Emiko Scott, "The Public Cost of Low-Wage Jobs in the Banking Industry," UC Berkeley Labor Center, October 2014。
6. 参见 Bonnie Brown, *Giigle: How I Got Lucky Massaging Google* (Dallas: Highland Loch Press, 2012)。
7. "Turning Workers into Capitalists," *Economist*, November 25, 2013.

8. 最初，波莉和我在《工作中的标新立异者》一书中写了雷施和克鲁格国际公司。2015 年夏天，我对雷施和克鲁格国际的其他高管做了新的访谈，以获得公司业绩的最新信息以及“社会资本主义”理念的发展情况。
9. 我第一次提到赛西尔·乌尔施普龙和瑞飞光学有限公司是在《纽约时报》的名为《这些工作行动起来就像所有者（因为他们就是）》（2006 年 5 月 21 日）的文章中。2015 年年中，我再次对乌尔施普龙做了访谈，了解公司的销售情况以及雇员的境况。
10. Alex Ralph, “John Lewis Bonus Likely to Be Reduced,” *Times* (London), March 9, 2015.
11. 我衷心感谢林肯电气公司的阿曼达·巴特勒为我安排的一次对俄亥俄州公司的参观。我对这家公司的了解主要来自我所做的许多次面对面的访谈，不过一些著作也让我获得了很多信息。参见 Frank Koller, *Spark: How Old-Fashioned Values Drive a Twenty-First-Century Corporation* (New York: PublicAffairs, 2010); and Norman Fast, under the direction of Professor Norman Berg, “The Lincoln Electric Company,” Harvard Business School Case 9-376-028, 1975; and William Serrin, “The Way That Works at Lincoln,” *New York Times*, January 15, 1984; and Barnaby J. Feder, “Rethinking a Model Incentive Plan,” *New York Times*, September 5, 1994。